講談社選書メチエ

611

世界史の図式

岩崎育夫

MÉTIER

はじめに

世界には約七二億の人びとがおり、約二〇〇近い国があるが、現在の世界を動かしているのはどの国なのだろうか。誰もが即座にアメリカと答えるに違いない。確かに、アメリカは世界各地で極めて活発に行動している。中東では、シリアとイラクの一部の地域を支配し、国際社会の安全を脅かしている過激派組織「イスラーム国」の武力行動を、世界の国々とともに鎮圧する作戦の先頭に立っている。ヨーロッパでは、二〇一四年にウクライナの東部地域で、親ロシア勢力による分離独立の武力運動が発生すると、ヨーロッパ諸国と連携して紛争の解決に努めている。そして、アジアでは、中国の南シナ海の南沙諸島での軍事施設建設の動きを衛星写真で監視して、アジアの安定を脅かす行動に警告を発している、といった具合である。アメリカは、単に世界のある地域や国、それにアメリカの安全保障に直接に関わりのある問題だけでなく、世界のすべての地域のあらゆる出来事に関心を持って介入・行動しており、アメリカが世界を動かしていることは間違いない。

これは現代のことなので、世界の歴史時間、すなわち、世界史でみるとどうだろうか。アメリカは一八世紀後半に独立した若い国だし、世界を動かしている現象は第二次世界大戦後のことでしかない。歴史の時間を少しさかのぼると、どの国が世界を動かしていたのだろうか。世界史に関心がある人ならば、これも即座に、アメリカの前はヨーロッパが世界を動かしていたと答えるに違いない。確かにそのとおり、ヨーロッパは一六世紀前後に始まった世界大航海と探検によってアメリカ大陸などを「発見」し、一八世紀にヨーロッパで産業革命が起こると、それに必要な一次資源と工業製品の市場を求めて世界のほぼすべての地域を植民地にして、現代のアメリカと同様に、軍事、政治、経済、文化と、あらゆる分野に及んで世界を支配して動かしていた。

それでは、歴史の時間をもう少しさかのぼると、ヨーロッパの前は、どの国や地域が世界を動かしていたのだろうか。これに答えられる人はそう多くないと思われるが、現在、紛争が頻発して世界の不安定地域となっている中東がそうである。中東勢力は七世紀初めに誕生したイスラームの教えを掲げて、北アフリカ、ヨーロッパの一部の地域、それにインドなどを征服して軍事、政治、経済、文化と、すべての分野で世界を動かしたのである。

これらは現在と過去の話だが、将来はどの国が世界を動かすと考えられるのだろうか。そのシナリオとして、衰えを見せはじめたとはいえアメリカの支配はまだ続く、地域諸国の結束力を増したヨーロッパ連合（EU）が復活する、今や世界の経済大国・軍事大国となった中国が新たな支配者となる、数十年前にはアメリカのライバルだったロシア（ソ連）が再生する、などが考えられるし、欧米諸国の支配に反発する「イスラーム国」はどうなるのだろうか、などの疑問も湧いてくる。

現代に生きる我々は、様々な出来事や現象のなかで生きているが、それらは過去の積み重ねのうえに生起したものである。現代の我々の眼からすると、なぜこのような出来事が起きたのか不可解に思えるものでも、その原因や遠因が過去の歴史のなかに潜んでいることが少なくない。そのため、現在の出来事や現象の意味を理解するには、世界史がどのように動いてきたのかを知り、それとの関連でみることが重要なのである。世界史を動かす国や地域は、いまみたように、時代とともに交替してきた。すなわち、これまで世界史はいくつかの国や地域が主導する下《もと》で動いてきたが、これが世界史の図式なのである。すると、なぜ世界史はこのような図式の下で動いてきたのかという疑問が起こるに違いないが、本書はこの疑問に答えることを試みたものである。

世界は、歴史的にも現代も、国土面積や人口、言語や宗教、歴史文化などが異なる様々な国からなっているが、地理的近接性や現代の政治社会の共通性などを基準にすると、大きく、アジア、中東、ヨーロッパ、アフリカ、北アメリカ、ラテン・アメリカ、それにオセアニアの七つに区分できる。本書は、世界史はこの七つの地域世界のうち、一つの地域世界が軍事的、経済的、文化的に優位な立場に立ち、その主導の下で展開してきたという理解から、過去二〇〇〇年ほどの大きな流れを摑みとり、それが現代に生きる我々に持つ意味を考察したものである。このことはまた、次の事実を語っている。それは、七つの地域世界は、他の地域世界を征服して支配した地域世界と、他の地域世界に征服されて支配された地域世界の二つに分かれる、ということである。世界史は七つの地域世界が、時代によって「支配する側」と「支配される側」とに分かれ、両者が攻防を織り成す過程のことでもあったのである。

このような世界史の図式に対する筆者の関心と問題意識は、次の点にある。世界各地で国家と呼べるものが登場して、国家を軸にした世界史が始まった当初は、七つの地域世界は自立的だった。それが、ある時代になるとある地域世界が有力となり、他の地域世界を征服・支配する構造へと転換したが、なぜそれが起こったのか、ある地域世界を支配勢力に押し上げた要因は何か、支配勢力としての特徴は何か、この構造の下で征服・支配された地域世界はどのような変容を強いられたのか、なぜ支配勢力の交替が起こったのか、そして、今後、この支配＝被支配の関係構造はどうなるのだろうか、などがそうである。

本書の分析視点は、次の三つからなっている。

第一が、これまでの多くの世界史概説書のように近代ヨーロッパに軸足を置くのではなく、いかに世界史に近代ヨーロッパが果たした役割と意義が大きく、基本的に現代もその影響下にあるとはいえ、ヨーロッパも七つの地域世界の一つにすぎないとみる視点である。一九七〇年代になると世界や日本で、近代ヨーロッパ中心史観に対する批判が高まり、世界全体を視野に入れたグローバル・ヒストリーが強調されるようになり、これ以降、非近代ヨーロッパを視野に入れた世界史や概説書がいくつか書かれている。しかし、その視点や内容はまだ十分といえるものではなく、本書は、七つの地域世界の視点からこの隊列の一端に加わることをめざすものである。

第二が、第一の視点に関連して、七つの地域世界を視野に入れて世界史を捉えることである。アジアの地域研究者として、現代アジアは世界史からどのような影響を受けたのかということに関心をもち、知りたい筆者にとり、この疑問に答えてくれる世界史概説書はほとんどないし、アジアを含む征服・支配された地域世界の眼からみると世界史はどのようにみえるのか、という疑問に答えてくれる概説書もほとんどない。本書は、アジアをはじめとして、これまで専ら征服されて支配される側だった地域世界の視点にも配慮した世界史を捉える試みでもある。

第三が、これまで世界史ではあまり重視されていない自然地理を考慮に入れて考えてみることである。その理由は、筆者が、世界のある国や地域の活動は、かなりの程度まで、その国や地域が置かれた自然地理の制約を受けていて、これが七つの地域世界を支配する側と支配される側に分けた要因の一つではないか、と考えるからである。とはいえ、自然地理が世界史の決定要因であると主張したいのではなく、それどころか、これまでの世界史は、その制約を克服する歴史でもあったといっても過言ではなく、実際に、かなりの程度までそれに成功している。しかし、科学技術や交通手段が発達して世界が「小さく狭く」なったとはいえ、また、近年はグローバル化が進展して世界が一つになりつつあるとはいえ、七つの地域世界の活動が自然地理の制約から完全に自由になったということはできず、依然として制約要因であることに変わりはない。

本書は、七つの地域世界への区分、それに支配する側と支配される側への区分という二つの分析手法に立脚して、七つの地域世界を視野に入れながら、実際の叙述と考察は、これまでの世界史において主導的役割を果たしてきた、すなわち支配する側の中東、ヨーロッパ、アメリカの三つの地域世界に焦点を合わせて、その下で世界史がどのように展開したのかみていく。世界史の支配者にはどのような特徴や共通性があるのか、支配者の眼には見えなかった世界史の姿、とりわけ征服され支配された地域世界のどのような姿が見えるのか、力不足の筆者がどこまで迫れるか分からないが、それを明らかにしてみたい。

ただ、本書は、有史以来の世界各地の主な出来事を年代別にまんべんなく取り上げた教科書的な通史ではないし、世界史の重要な出来事を実証的に検証した専門研究書でもない。この点では、征服・支配された地域世界を視野に入れながらも、「支配者の地域世界の動きからみた世界史」と呼べるものでしかない。また、支配者の特徴、つまり軍事的に強大な地域や国を軸に据えて世界史をみるとはいえ、戦争史や軍事史の叙述や考察が目的ではなく、あえていえば、これも本書の関心外である。さらには、アメリカの政治学者サミュエル・ハンチントンは、アメリカとソ連が世界的規模で対立した冷戦が終焉した現在は、欧米のキリスト教文明と中東のイスラーム文明の競合が世界の主要な対立構図だと唱えたが、これは「文明の衝突論」と呼ばれる。本書は、中東とアメリカ（それにヨーロッパ）を世界史における、かつての、それに現在の支配勢力とみなしているとはいえ、文明の衝突論に与《くみ》するものでも、両者の対立の歴史的検証を意図したものでもない。この点でも、いかに中東やアメリカが世界史に果たした役割が大きいとはいえ、七つの地域世界の一つにすぎないという視点に立っている。

本書を読み終えた後で読者が、これまでの世界史を動かしてきた「原動力」ともいえる、支配者の地域世界や国のダイナミックでも身勝手でもある行動様式を見て取り、その下で世界史はどのように動いて現在に至ったのか、これからはどうなるのか、そして、現代に生きる我々は世界史から何を学べるのかを知るために、本書が提示する世界史の図式にしばし思いを馳せてくれたならば幸いである。

目次

序章　世界史をみる視点

1　七つの地域世界

人間社会の誕生

現在、約七二億の人びとが、ユーラシア大陸、アフリカ大陸、南北アメリカ大陸、オーストラリア大陸の四つの大陸と周辺の島々に分散して住んでいるが、そもそも世界各地の人間の居住分布は、いつ頃出来上がったのだろうか。最初にある一つの大陸に人間が誕生し、そこから他の大陸に移動して現在のような分布になったのか、それとも、世界各地でほぼ同時的に誕生したのだろうか。

人間は、猿人、原人、旧人、新人という順番で進化を遂げ、これらは一括して人類と呼ばれるが、人類の誕生の起源について教えてくれるのが考古学である。考古学者の間では人類がいつ頃、地球のどの地で誕生したのか諸説あるなかで、有力な一つが、紀元前七〇〇万年頃にアフリカ大陸東部の地で誕生したという見方である。約七〇〇万年前といわれても、我々にはどれほどの時間の長さなのかほとんど摑みどころがないが、それによると、誕生後の地域展開は次のようなものである。

人類はアフリカの地で誕生した後、最初の五〇〇万～六〇〇万年間は同地に留まっていたが、紀元前一〇〇万年頃に一部の人びとがアフリカから中東とアジアに移動し、さらに、一部の人びとが紀元前五〇万年頃に中東からヨーロッパへと移動した。その後も移動は続き、アジアに住んでいた人びとの一部が紀元前四万年頃に、海を渡ってオーストラリア大陸に移動し、また紀元前二万年頃には中国東北部にも住むようになった。そして、紀元前一万二〇〇〇年頃に中国東北部に住んでいた人びとの一部が、当時はユーラシア大陸と繋がっていた北アメリカ大陸の北部に移動し、そこから一部の人びとが紀元前一万一〇〇〇年頃に北アメリカ大陸の南部に移動し、さらに一部の人びとが紀元前一万年頃に南アメリカ大陸最南端のパタゴニア地方に移動したのである。

この説によると、人類はアフリカ大陸で誕生した後、時間の経過とともに順次、ユーラシア大陸、オーストラリア大陸、南北アメリカ大陸へと移動して、現在のような世界各地における分布が出来上がったのが、今から約一万年前のことになる。これが世界各地の人びとの生活の始まりだが、しかし、世界史は単に世界各地に人間が住んでいたという記録ではなく、人間社会が政治や経済や文化や芸術や思想など諸々の活動を営んだ記録のことであり、これらの活動は文明の一部に属している。そのため、世界史がいつ始まったのか知るには、いつ頃、世界のどの地域で文明が発生したのかみることが、一つの手がかりを与えてくれる。世界最初の文明発祥地がどこなのかについても研究者の間で意見が分かれているが、そのなかでほぼ一致する見方が、紀元前三五〇〇〜前五〇〇〇年の約三〇〇〇年の間に、中東のメソポタミアとエジプト、地中海のクレタ島、アジアのインドと中国、北アメリカのメソアメリカ（メキシコ周辺）、それに南アメリカのアンデスで形成されたというものである。

これらの文明の地はアジア、中東、ヨーロッパ、アメリカと距離的に隔たった場所に位置しており、人類の誕生と違い、文明は世界各地でほぼ同時的に、かつ相互に関連なく起こったものであることがわかる。

世界の地域区分

本書は、世界史とは世界各地の様々な社会や国家が織り成す自立的活動と交流活動の総和のこと、交流過程で生まれた支配＝被支配関係の下での展開過程のことだと考えるが、これを捉えるには、世界を一つの単位として扱うのは大きすぎるし、何よりも国を単位にした支配＝被支配関係がみえてこない。そのため世界の国々をいくつかの地域に区分する必要がある。本書は、世界の国々をアジア、中東、ヨーロッパ、アフリカ、北アメリカ、ラテン・アメリカ、それにオセアニアの七つの地域世界に区分する。その理由は三点ある。

第一が、この七つの地域世界に属する国々が、地理的に近接していること、宗教と歴史文化を共有する国が少なくないこと、それに現代の政治社会的性格に共通性（もしくは類似性）があることである。このうち、現代の政治社会的性格の共通性（例えば、キリスト教社会、仏教社会、イスラーム社会）は、この後の七つの地域世界の地理的概要をみるところで説明する。

第二が、この七つの地域世界に属する国々が歴史の時間を共有して、それぞれが「完結した世界」だったことである（歴史世界）。現代は、旅客機が発達して世界のどの国にも旅行することが可能だし、わざわざ旅行しなくとも、インターネットやテレビなど通信手段の発達により、自分の国にいながら、世界の動きや他の国のことを知ることができるようになった。これはグローバル化がもたらしたものの一つだが、しかし、グローバル化は一六世紀初頭のヨーロッパ勢力の世界大航海と探検で始まったものだし、それが深化したのは現代のことである。それ以前は（そして現在もある程度まで）、それぞれの七つの地域世界の人びとは、自分の地域世界のことしか知らず、他の地域世界の存在を知らなかった。すなわち、七つの地域世界に住む人びとにとって世界とは自分の地域世界のことだし、それぞれが完結した「世界」だったので、「世界」は「七つ」あったのである。そのため、過去二〇〇〇年ほどの世界史をみるには、この七つの地域世界を基本単位にすることが重要なのである。

第三が、現在、七つの地域世界を単位にした地域共同体が創られていることである。ヨーロッパのヨーロッパ連合（EU）などがそうだが、詳しくは終章で説明する。

便宜的な区分として

厳密にいえば、この七つの地域世界内部の国々も、地理、宗教、歴史文化、政治社会的性格などの点で違いがあるし、支配＝被支配関係もみられるが、ここでは、他の地域世界とのより大きな違いに着目している。また、いうまでもなく、この七つの地域世界の区分は、誰もがすぐさま認識できる地理単位ではなく、便宜的な区分にすぎない。例えば、ラテン・アメリカやアフリカは一つの大陸からなる地域世界だが、ユーラシア大陸に位置するヨーロッパ、中東、アジアの三つの地域世界は、険しい山脈や広大な砂漠によって遮られているとはいえ、地理的に切れ目なく一つに繋がっているからである。

ただ、現代国家研究において、人為的に引いたものとはいえ国境線をもとに一つ一つの国家や国際関係をみることに有効性があるように、世界史をみるさいにも、いま挙げた基準に基づく七つの地域世界の区分は役にたつのである。

さらには、この七つの地域世界の区分が唯一の世界の区分法ではなく、例えば、地中海世界、中央ユーラシアや中央アジア、インド洋世界などの地域区分があるし、実際に、これに依拠した研究が行われている。しかし、世界史をみるさいに、どのような地域区分があるのか検討することではなく、過去二〇〇〇年ほどの世界史が、どの地域が主導する下で動いてきたのかみることが本書の目的なので、いま述べた三つの理由で、七つの地域世界の区分に依拠して行うことにする。

七つの地域世界の概要

世界史の基本アクターともいえる七つの地域世界の地理的特徴を簡単にみておく。

アジア……ユーラシア大陸東南部に位置する地域世界で、世界の陸地面積（二〇一四年）の一五・三％、世界人口（二〇一四年、七二億四三七八万人）の五四・一％（三九億一六五四万人）を占めている。地域的には、中国を軸にする東アジア（日本はここに位置している）、インドを軸にする南アジア、その中間の東南アジアの三つのサブ地域に区分できるが、近年は、ソ連崩壊後に独立したユーラシア大陸中央部に位置する国々は中央アジアと呼ばれ、アジアの一つのサブ地域とみなす見方が登場している（さらには、中央ユーラシアという区分もある）。しかし、本書はイスラーム国家が多い中央アジアは中東に入れ、中国北部のモンゴルなどは東アジアの一部として扱い、ユーラシア大陸東北部のシベリアはロシア（ヨーロッパ）に含める。

中東……アラビア海と地中海に挟まれた、メソポタミア、アラビア半島、イラン、トルコ、中央アジア、それにアフリカ大陸の北アフリカからなる地域世界で、面積は一二・四％、人口は八・三％

（五億九九九〇万人）である。本書は、アフリカ大陸北部に位置するエジプト、それにマグリブと呼ばれるリビア、チュニジア、アルジェリア、モロッコを中東に含める。その理由は、中東の国々を繋ぐ宗教がイスラームだが、これらの国の歴史や宗教、それに現代の政治社会の性格などは、アフリカよりもアラビア半島などの国と密接な関係にあるからである。

ヨーロッパ……ユーラシア大陸西端に位置する地域世界で、面積は一六・九％（ただし、広大なシベリアを持つロシアを除外すると四・四％）、人口は一〇・三％（七億四二八一万人、ロシアを含む）である。地域的には、地形や気候や生態などの面で変化に富む西ヨーロッパ、地中海に面した乾燥地帯の南ヨーロッパ、北極に近い寒冷地帯の北ヨーロッパ、広大な平原や原野が広がる東ヨーロッパの四つのサブ地域に区分できる。これらのヨーロッパの国々を繋ぐ宗教がキリスト教である。

アフリカ……地理的に、アフリカ大陸北部のサハラ砂漠（面積は九〇七万平方キロメートルで世界最大）を境界線に、大きく北アフリカとサハラ以南アフリカ（ブラック・アフリカとも呼ばれる）の二つに分かれる。本書は北アフリカを中東に含めるので、サハラ以南アフリカ（以下ではアフリカと表記する）がアフリカの地域世界になり、面積は一八・〇％、人口は一三・三％（九億六四〇五万人）である。地域的には、乾燥地帯の西アフリカ、世界有数のジャングル地帯の中央アフリカ、多くの野生動物が住むサバナと呼ばれる草原が広がる東アフリカと南アフリカの四つのサブ地域に区分できる。

北アメリカ……現在、カナダとアメリカの二ヵ国からなる地域世界で、現代国家の数は最も少ないが、面積は一四・四％、人口は四・九％（三億五八一一万人）である。北アメリカは、北部（カナダ）はユーラシア大陸のシベリアと同様に寒冷地帯に属しているので、人間の居住は難しいが、南部（アメリカ）には北から南に流れてメキシコ湾に注ぎこむミシシッピ川があり、その流域の西部はグレート・プレーンズと呼ばれる一大平原で、現在、世界有数の穀倉地帯である。

ラテン・アメリカ……北アメリカ大陸の西南端部と南アメリカ大陸からなる地域世界で、面積は一六・七％、人口は八・六％（六億二三五五万人）である。本書は南アメリカをラテン・アメリカと呼ぶが、この呼称は近代に南アメリカを植民地化したスペイン、ポルトガル、フランスが、ラテン系言語や文化の共通性を持っていることに由来し、イギリス植民地となった北アメリカが「アングロ・アメリカ」と呼ばれることとの対《つい》概念でもある。地域的には大きく、北アメリカ大陸のメキシコなどの地域、ラテン・アメリカの大半を占める南アメリカ大陸地域、南北アメリカ大陸の中間に浮かぶ島々からなるカリブ海地域（西インド諸島とも呼ばれる）、の三つのサブ地域に区分できる。

オセアニア……オーストラリア大陸、ニュージーランド島とニューギニア島、それに、太平洋に浮かぶ小さな島々（島嶼《とうしょ》部）からなる地域世界で、面積は六・三％、人口は〇・五％（三八八三万人）である。七つの地域世界のうちで人口が最も少ないだけでなく、その大半がオーストラリアとニュージーランドに集中している。島嶼部は、北部のポリネシア（数多くの島の連なりの意味）、南部のメラネシア（黒い島の意味）、西部のミクロネシア（小さい島の群れの意味）、の三つのサブ地域からなり（これらの名称は、近代にヨーロッパ人がつけたもの）、いずれの島も面積は小さく人口も少ない。

七つの地域世界のスタート地点の構図

これが七つの地域世界の地理的概要だが、七つの地域世界は社会の形成時期に違いがあっただけで

七つの地域世界と優位勢力の移動

なく、いまみたように面積や人口の点でもかなり違いがあるし、天然資源などの経済資源も均等に賦与されているわけではない。

アンガス・マディソンの歴史統計研究によると、西暦ゼロ年における世界の人口は二億三〇八二万人で、地域分布は、アジア（中東を含む）が一億七四二〇万人（七五・五%）、ヨーロッパが三三三五万人（一四・五%）、アフリカが一六五〇万人（七・一%）、南北アメリカが六七七万人（二・九%）と、アジアが四分の三ほどを占めていた。実質国内総生産（GDP）も、ほぼ人口比率に対応して、アジア（中東を含む）が七六・三%、ヨーロッパが一四・三%、アフリカが六・八%、南北アメリカが二・六%と、ここでもアジアが約四分の三を占めて他の地域世界を圧倒していた。現在（二〇一四年）の人口も、最多のアジアが五四・一%、最少のオセアニアが〇・五%と、七つの地域世界には大きな開きがあるが、これは西暦ゼロ年の時点からそうだったのである。

しかし、住民一人ひとりの経済的豊かさを示す一人当たり国民所得（GDP）はそうではない。西暦ゼロ年の世界平均が四四四ドルなのに対し、西ヨーロッパが四五〇ドル、ラテン・アメリカが四〇〇ドル、アジア（日本を除く）が四五〇ドル、日本が四〇〇ドル、アフリカが四二五ドル、と七つの地域世界に住む人びとはほぼ同じ水準にあったからである（マディソン二〇〇四、三一、三二一、四一三頁）。西暦ゼロ年の七つの地域世界は、人口と経済力は現代と同様に大きな格差があったものの、一人ひとりの生活水準はほぼ同じであり、そこには経済的な優劣関係はなく「対等」だったのである。これが七つの地域世界が織り成す世界史のスタート地点の構図である。

2　時代区分と優位勢力

世界史の基本構造

人口や経済資源の賦与に違いがあったとはいえ、七つの地域世界それぞれに社会が形成され独自の活動が営まれて世界史が始まったが、七つの地域世界の社会史を合体したものが世界史ではないことはすでに指摘した。それは、いわば地域世界史の単なる寄せ集めでしかなく、本書が考える世界史とは、七つの地域世界の自立性を求めて動く過程と、交流を通じて相互に影響を与えて変容していく過程が複雑に交錯した総和のこと、すなわち支配＝被支配関係の下で営まれた活動のことだからである。七つの地域世界は大洋や険しい山地などで地理的に隔たっていること、交通手段が未発達だったことから、それぞれの社会が固有の言語や宗教や社会文化慣習などを創りあげたが、土地が隣接する地域世界の間では早い段階から、そして、大きな海洋などで隔たる地域世界の間でも交通手段が発達すると、自発的、あるいは強制的に交流するようになり、支配＝被支配関係が生まれたのである。

これを二つの段階に分けて説明すると次のようになる。

第一段階——七つの地域に優劣はない

七つの地域世界は、言語や宗教が違うことが象徴するように、独自の社会文化慣習を持っているが、これは、それぞれが置かれた自然地理環境のなかにおける自立的な活動から形成されたものである。時代がかなり下った一六世紀にキリスト教の布教活動のために日本を訪れたイタリア人のイエズス会司祭は、次のような観察記録を残している。

ヨーロッパよりここへ来たものは、まるで、食事の仕方、座り方、話し方、礼儀にかなった立ちふるまいを覚えなければならない子どもになったような感覚に陥る。インドにおいてもヨーロッパにおいても、（イエズス会が）日本の案件について評価し決定するのが困難な理由はここにある。ここで物事がどうなっているのか、理解したり想像したりすることすら難しい。ここには別の世界、別の生活様式、異なった習慣、異なった法があるからである（リヴィ－バッチ二〇一四、iv）。

ユーラシア大陸の西端に位置するヨーロッパと東端に位置する日本は、今から約五〇〇年前は社会生活様式に本質的な違いがあったわけで、これが語るように、七つの地域世界はそれぞれが固有の慣習を持ち、そこには優劣関係も支配＝被支配関係もなかったのである。

第二段階――地域間に優劣関係が生じる

しかし、七つの地域世界は地理的、社会的に孤立した存在として専ら自立的な活動を営み、他の地域世界と没交渉だったのではなく、ヨーロッパに住むイタリア人が日本を訪れたように、世界史は近隣の地域世界同士での侵略や征服、交易、移民、文化や宗教の伝播など、様々な交流で溢れている。世界各地で国家が誕生して国家を軸にした世界史が始まった当初は、交流の度合いが弱かったこともあり、それぞれの地域世界は比較的に自立性を維持していたが、ある時代になると、ある地域世界が軍事的に強大になり、他の地域世界を征服して従属させ、政治や経済や文化や思想などの分野で強い影響を与え、他方、従属を強いられた地域世界では社会や文化の変容が起こった。世界史における支配＝被支配関係の成立である。ただ、ある地域世界の支配者の立場は半永久的に続いたのではなく、新たに台頭して優位な立場となった地域世界との交替が起きている。

これが筆者の考える世界史の構造と世界史が動いてきたメカニズム、すなわち世界史の図式である。そのさい、七つの地域世界のうち、ある地域世界が優位に立って他の地域世界を支配するという支配＝被支配の関係構造は、さきほど述べたように、七つの地域世界内部にも当てはまる。それぞれの地域世界内部でも、ある時代になると有力な国やサブ地域が、他の国やサブ地域を軍事的に支配し、政治、経済、社会文化などに強い影響を与えているからである。そのため、ある地域世界が優位な立場となり、他の地域世界を支配することで世界史が展開してきたという支配＝被支配関係は、七つの地域世界相互とそれぞれの地域世界内部に該当する二重構造なのである。

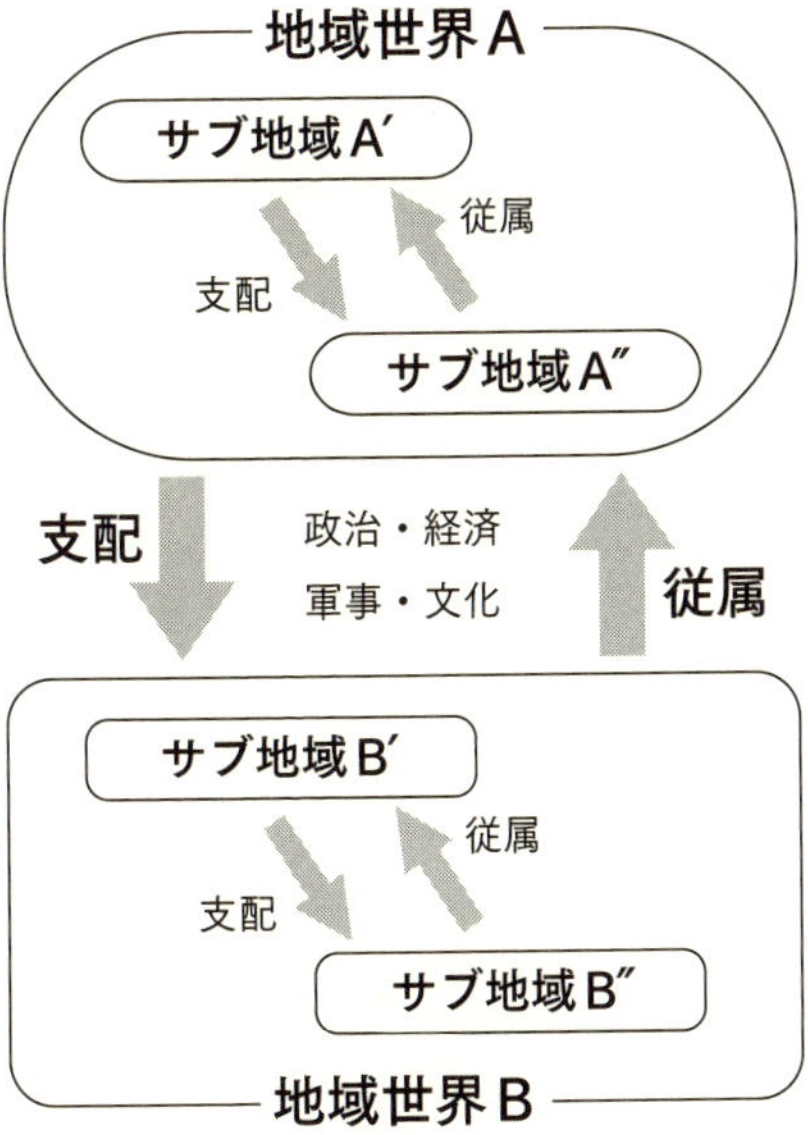

支配＝被支配の二重構造

差別と平等の理念

いまみたように、第一段階の七つの地域世界には、優劣関係はなく対等だったという状況は、第二段階になると支配＝被支配関係がとって代わったのである。一七七六年のアメリカの独立宣言がすべての人間は平等につくられていると述べたのに対し、イギリスの歴史家E・H・カーは一九三九年に刊行された本で、「(人間は平等であるという）命題は、あたかも事実をのべているかのごとく偽装された政治綱領の項目にすぎない」、すなわち、これはユートピア的命題であり、世界史の事実ではなく人間の願望にすぎない(カー二〇一一、四二〜四三頁、括弧内は引用者の補足)、と述べて、世界の人びとが平等ではないことを指摘している。

筆者も、七つの地域世界は対等で人びとが平等だったという第一段階の状況は、第二段階になると消滅して、支配=被支配関係が基調になったと考える。世界史において世界各地の人びととの差別の代表ともいえるものが、人種差別と民族差別である。人種とは、人間の外見的特徴(例えば、皮膚の色が白い、黒い)による違い、民族とは、言語や宗教や習慣など文化的特徴を共有する仲間意識を持った社会集団のことである。この差異に基づいて、優れている、劣っているなどと差別するのが人種差別と民族差別である。二つのうち、民族差別(それとセットになった自民族優越意識)が世界史の第一段階からみられるのに対し、人種差別は近代に登場したものという違いはあるが(これは第三章でみる)、この意識は支配=被支配関係があって初めて生まれるものなのである。確かに世界史をみると、民族差別、その裏返しとしての自民族優越意識で満ち溢れており、七つの地域世界は対等で各地に住む人びとは平等であるとは少しもいうことはできない。

それにもかかわらず、筆者が、七つの地域世界の人びとは対等だったという第一段階の状況に拘《こだわ》るのは次の理由による。現代国家は民主主義が規範となっているが、民主主義の理念では、世界のすべての国は主権国家として他の国が侵すことができないこと、すべての国民(人びと)は平等で同等の権利を持った存在であることが合意されている。すなわち、単に国民が平等であるだけでなく、世界の国々、世界各地の人びとも対等で平等と考えられているのである。これをよく示すのが、一九四八年の国際連合の世界人権宣言の第二条であり、次のように宣言している。「一、すべて人は、人種、皮膚の色、性、言語、宗教（など）……いかなる事由による差別をも受けることなく、この宣言に掲げるすべての権利と自由とを享有することができる。二、さらに、個人の属する国又は地域……の政治上、管轄上又は国際上の地位に基づくいかなる差別もしてはならない」（歴史学研究会編二〇〇六～、一一巻、一一～一二頁）、と。

筆者は、世界史は民族差別や人種差別が横行して、世界各地の人びとが少しも対等ではなかったことを承知のうえで、七つの地域世界の人びとが対等で平等であるという第一段階の状況が、なぜ現代に「再生」することになったのかを考えてみたいのである。換言すれば、世界史はどのような展開と経緯を経て、民主主義国家観や一九四八年の世界人権宣言の、七つの地域世界の国々や人びとは対等で平等であるという認識に至ったのか、それをみてみたいのである。

世界史の優位勢力

世界史は、タテ軸の歴史時間とヨコ軸の現代空間が交差する場で、七つの地域世界を基本アクターに展開してきたというのが本書の理解である。この立場から、世界史のタテ軸の展開過程でそれぞれの時期に世界を動かしてきた地域世界に焦点を合わせて世界史をみていくが、本書はこのような地域世界を優位勢力と呼ぶことにする。これまでの世界史で優位勢力とみなせるのはどの地域世界（や国）なのだろうか。結論を先に提示すると、七世紀中頃以降の中東、近代のヨーロッパ、第二次世界大戦後のアメリカの三つの地域世界（や国）がそうだと考える。このうち、中東とヨーロッパが地域世界単位なのに対し、アメリカは一国単位だが、アメリカは一国だけで地域世界に匹敵する人口や面積を有し、他の地域世界を支配できるだけの軍事力や経済力や文化力を持つなど、優位勢力の要件を十分に満たしている。なぜ、この三つを優位勢力とみなすのか、その理由は各章で説明するとして、ここでは、これまでの世界史に登場した、これ以外の国や地域世界のなかにも、優位勢力と思われるものがあるのに、なぜそれらを優位勢力に含めないのか、その理由を説明しておくことにする。

読者のなかには、この三つの他にも、ギリシア時代の終焉直後に登場して、マケドニアを拠点にエジプト、メソポタミア、中央アジア、西インドを征服して支配下に置いた「アレクサンドロス帝国」、ヨーロッパ南部、北アフリカ、エジプト、メソポタミアの地中海地域を征服・支配した「ローマ帝国」、東アジアに君臨した「中国の古代国家」、それに、一三世紀にユーラシア大陸を席巻した「モンゴル帝国」などが、優位勢力に加えられると思う人がいるかもしれない。本書は「帝国」を、自国が拠って立つ社会に加えて、他の人びとが住む国や地域を征服して支配下に入れた国という意味で使っているが、これらの多くが帝国と呼ばれたにもかかわらず優位勢力のリストに入れない理由は二つある。

一つは、支配が軍事支配にとどまり、文化支配がみられないことである。一例を挙げると、アレクサンドロス帝国は、ユーラシア大陸世界の征服を一代で成し遂げたアレクサンドロス大王が死亡すると、広大な帝国はすぐに分裂・消滅しただけでなく、影響は軍事分野に限定されて、征服した地域の政治や経済や社会文化分野では影響を与えることはほとんどなかった（ただし、ギリシア文化とオリエント文化が融合したヘレニズム文化が誕生しているが）。このアレクサンドロス帝国のように、これらの勢力は、軍事支配を達成しても、現代にも残る社会文化の影響（遺産）を残してはいない。

なかでも、軍事力は強大だったが、文化力に欠ける代表がモンゴル帝国である。モンゴル帝国は、世界史上初めてユーラシア大陸のほぼ全域を征服して支配下に入れ、その下で東西交易を発展させたので、世界史研究では、しばしば「パクス・タタリカ」（タタル＝モンゴル人の平和）と呼ばれることがある。しかし、モンゴル帝国は、「なんのイデオロギーや思想を伝えることもなかった」（杉山正明二〇一〇、二三四頁）、と指摘されるように、社会文化での影響力は皆無であり、優位勢力の要件を満たしていない。なぜそうなのかという疑問が起こるが、それは本書の関心外である。

もう一つは、支配が及んだ地理範囲が一つの地域世界に限定されていることである。優位勢力とは、自国が帰属する地域世界だけでなく、他の地域世界の一部や全域を支配下に入れて、軍事だけでなく、文化でも影響を与えた勢力であることを説明した。この点で、ローマ帝国は軍事的に強力で数百年続いただけでなく、地中海地域でローマを中心に交易ネットワークを創りあげたし、現代にも残る文化や思想を支配地域に残しているので、モンゴル帝国と違って優位勢力としての要件を満たしているように思うかもしれない。

しかし、ローマ帝国の支配領域は地理的には、実質的にヨーロッパ地域世界に限定されて、他の地域世界に及ぶものではなかった。確かにローマ帝国は、北アフリカや中東の一部地域も征服して支配下に入れたが、それはすでに述べたように、地中海地域と呼ばれた歴史的に特殊な時代のことである。本書の七つの地域世界の観点からすると、中東では強大なササン朝ペルシアがローマ帝国の東への拡大を拒んでいたし、ローマ帝国の滅亡後に中東でイスラーム勢力が台頭すると、中東の地中海地域におけるローマ帝国の政治制度や文化は完全に消え去り、現在では遺跡以外にその痕跡はほとんど残っていない。そのため、いかにローマ帝国が強大で、現代にも続く文化影響をヨーロッパの地域世界に残したとはいえ、他の地域世界ではそうではないので優位勢力に含めることはできない。

中国の古代国家も強大で、長期間に及んでアジアの地域世界に軍事的、文化的に君臨したとはいえ、その支配領域が基本的にアジアの地域世界、しかも東アジアのサブ地域に限定されるものだったので、これに当てはまる。

三つの優位勢力の支配時代

中東、ヨーロッパ、アメリカの三つの優位勢力が世界史のいつ頃登場して世界を支配し、いつ頃衰退したのか、時代を説明しておこう。世界史の叙述は、便宜的に古代、中世、近世、近代、現代といった時代区分をもとに行われるのが一般的だが、そのさい、何年から何年までが古代で、何年から何年までが近代なのか客観的指標や基準はないし、研究者の間でも完全に合意されているわけではない。研究者それぞれの歴史観として区分されるものなのである。

本書は世界を支配した優位勢力を軸に世界史をみるので、これをもとに時代区分すると、「三つの地域世界の鼎立《ていりつ》時代」、「中東勢力の時代」、「ヨーロッパ勢力の時代」、「アメリカの時代」の四つになる。優位勢力の始まりの時期は、他の地域世界に影響を及ぼすようになった支配＝被支配関係の成立、具体的には、他の地域世界に対する侵略・征服（の成功）が始まった時をもってそうみなし、終わりの時期は、他の地域世界に対する支配や影響力が減退した時をもってそうみなす。とはいえ、開始や減退を表す出来事（指標）はいくつかあるので、確定することは難しいが、筆者がその潮流を決定づけたと考える出来事の発生年をもって、そうみなすことにする。

中東勢力の場合、アラビア半島に誕生したイスラーム国家が、他の地域世界のアジア（インド）とヨーロッパ（スペイン）を征服・支配して領域を拡大したのが七世紀中頃なので、これが中東勢力の始まりの時期になる。終わりの時期は、いくつかの出来事が候補に考えられるが、スペインからイスラーム国家が放逐された一四九二年は、これによりただちに中東勢力の時代が終わったわけではないが、終わりの始まりを象徴する出来事だったことは間違いないので、これを終わりの時期とする。

ヨーロッパ勢力の場合、地中海史研究者のフェルナン・ブローデルは、ヨーロッパ勢力のベネチアが中東勢力のオスマン帝国の海軍を破った一五七一年のレパントの海戦をもって、ヨーロッパ勢力の時代の始まりとみているが、本書はそれよりも早い、一六世紀初めのスペインによるラテン・アメリカの現地王国の侵略と征服が他の地域世界の支配に繋がった第一歩と考えるので、一六世紀初めを始まりの時期とする。終わりの時期は、ヨーロッパの主要国がこぞって戦った第一次世界大戦で消耗してその衰退が明らかになったので、第一次世界大戦が終わった一九一八年とする。

アメリカの場合、ヨーロッパ勢力と入れ替わる形で第一次世界大戦後に優位勢力としての力を持つに至ったが、実際に世界各地に介入・支配し始めたのが第二次世界大戦後なので、一九四五年が始まりの時期になる。そして、威信が衰えたとはいえ現在でも介入・支配する軍事力と経済力、それに意思を持っており、実際にそうしているので継続中とする。

この時代区分では、中東が優位勢力の時代を終えた一四九二年と、ヨーロッパが優位勢力となる一六世紀初めとの間、それに、ヨーロッパが優位勢力の時代を終えた第一次世界大戦後の一九一八年と、アメリカが優位勢力となる第二次世界大戦後の一九四五年の間に、それぞれ数十年ほどの空白期間があるが、これは優位勢力が交替する「移行期間」に相当するものである。

3 優位勢力と「パワー」

なぜ優位勢力に着目するか

なぜ、七つの地域世界を視野に入れて世界史を読み解くといいながら、特定の地域世界（優位勢力）に焦点を絞るのか、その理由は次の点にある。

形式的な話だが、七つの地域世界についての記述の分量を均等に七分の一ずつにしたならば、バランスのとれた世界史やグローバル・ヒストリーになるのではない。それは歴史における一つ一つの出来事の影響力や意義を無視した、単なる出来事（事実）の機械的な羅列でしかなく、よくても、せいぜい世界史百科事典にすぎない。なぜなら、そこには、世界全体や他の地域世界に重要な影響を及ぼした勢力や出来事は何か、それはどの時代のどの地域世界によるものなのかという、世界史に対する筆者の「見方（価値判断）」が欠落しているからである。

世界史の大きな流れ

世紀	主要な出来事
	三つの地域世界の鼎立時代
1	1世紀　ローマ帝国全盛（ヨーロッパ）
	25-220　後漢（アジア）
3	226-651　ササン朝ペルシア（中東）
4	395-476　西ローマ帝国（ヨーロッパ）
	395-1453　ビザンツ帝国（ヨーロッパ）
	中東勢力の時代
7	622　イスラーム国家の誕生
	636　イスラーム軍、ビザンツ帝国軍に勝利
8	756-1031　スペインに後ウマイヤ朝誕生
13	1206　インドでイスラーム国家誕生
	1299　トルコでオスマン帝国誕生
14	14世紀　イブン・バトゥータの世界旅行
15	1453　オスマン軍、ビザンツ帝国を滅ぼす
	1492　スペインでイスラーム国家滅亡
	1492　コロンブス、アメリカ大陸に到達
	ヨーロッパ勢力の時代
16	1519-22　マゼラン世界一周
	1521　スペイン、メキシコのアステカ王国を滅ぼす
17	1607　アメリカで最初のイギリス人植民
18	1754-63　アメリカ植民地を巡る英仏戦争
	1776　アメリカ、イギリスから独立
	1793　オーストラリアに最初のイギリス人移民到着
19	1869　スエズ運河開通
20	1914　パナマ運河開通
	1914-18　第一次世界大戦
	1939-45　第二次世界大戦
	アメリカの時代
	1947　アメリカ、ヨーロッパへの軍事・経済援助
	1962　米ソ対立を原因にキューバ危機
	1965-73　アメリカが介入したベトナム戦争
	1991　アメリカがイラクに介入した湾岸戦争
21	2001　アメリカで、イスラーム過激派勢力による「9・11同時多発テロ」発生

一人で大著の世界史を書いたイギリスの歴史家J・M・ロバーツは、これまでの世界史をみると七つの地域世界の重要性はまったく同じではなく、例えば、思想や文化では、ユーラシア大陸の地域世界で誕生したブッダやイエスやプラトンや孔子などの教えは、二〇〇〇年ものあいだ地球上で暮らす無数の人びとに影響を与えてきた。他方、ヨーロッパ勢力が到来する前のアフリカやアメリカでは、世界史に大きな足跡を刻むような出来事が起きたという証拠は、いまのところ発見されていないと指摘している（ロバーツ二〇〇二〜、一〇巻、四頁）。同様にE・H・カーも、「歴史的にいえば、世界社会に向かう過去の足跡はすべて、つねにただ一強国の権勢から生み出されたものである」（カー二〇一一、四三七頁）、と指摘している。

筆者も、七つの地域世界の影響力に違いがあった、換言すれば、支配する側と支配される側に分かれるものだったという二人の見方に同意する。そのため、七つの地域世界を視野に入れた世界史の考察をめざすとはいえ、歴史のそれぞれの段階において、他の地域世界に対して強い影響力を持った地域世界や国に焦点を合わせることが不可欠なのである。優位勢力は、国際関係における覇権国やパワーの概念に相当するものでもあるので、以下ではこれを使って説明してみよう。

覇権とは、ある国が圧倒的な軍事力、政治力、経済力などを持った状態のことであり、このような国が覇権国と呼ばれる。実際の研究では、「パクス・イスラミカ」とか「パクス・ブリタニカ」とか「パクス・アメリカーナ」というような使われ方がされている。この、パクス〇〇（〇〇の平和の意味）の用法は、かつて、イスラーム勢力（中東）とイギリス（ヨーロッパ）とアメリカが世界の覇権勢力（国）であったことを語っているが、本書も同様の意味で用いるものである。また、ある国が覇権国であるという場合、軍事や政治や経済などだけでなく、文化や思想などでも優位に立ち、他の国に対して影響を与えることが含意されている。すなわち、軍事力や経済力だけでなく、文化や思想でも強い影響力を持っていることが、覇権国の要件なのである。

これまで複数のパクス○○の使われ方があることは、時代の経過とともに覇権国が入れ替わったことを語っている。覇権国は永遠にその地位に留まっているのではなく、世界の国々の軍事力や経済力など相対的な力関係が変化すると、別の国が台頭して覇権国の交替が起こるのが一般的なのである。これが覇権循環論であり、覇権国の交替が起こる理由について、「一つの国家が力を失うのは、他の国家の興隆に起因することもあれば、衰退する国家自身の内部腐敗が原因のこともある」（ナイ一九九〇、二二九頁）という指摘があるが、実際には、ほとんどのケースは、二つがセットで起こったものである。

パワーの概念を使って説明すると次のようになる。アメリカの国際政治学者ジョセフ・ナイは、軍事力や経済力など明白な力の源泉と結びついた力を「ハード・パワー」、文化やイデオロギーや制度など、目には見えにくい力の源泉と結びついた力を「ソフト・パワー」と呼び、ハード・パワーは相手を強制的に従わせるもの、ソフト・パワーは相手を取り込んで自らそうさせるもの、としている。ナイによると、一国の力の源泉は目に見えるものと見えないものの二つのパワーから成り立ち、目に見えるものが、国土と人口の基礎的資源、軍事力、経済力、科学技術力、そして目に見えないものが、国の結合力、文化とイデオロギー、国際機構と制度を利用できる能力なのである（ナイ一九九〇、四八、一四五頁）。

本書は優位勢力を、ある地域世界が、ナイのいうハード・パワーとソフト・パワーの二つを併せ持った状態、すなわち、軍事的、経済的、政治的、そして文化的に優位に立ち、他の地域世界に対して自分たちの意向を強制でき、かつその意向を相手側に自発的に受容させることができる国、という意味で使っている。そのさい、ある地域世界全体が優位勢力となることもあれば、ある地域世界のうち一部の国がそうなることもあるが、本書は、一国だけなのか地域世界全体なのかを問わずに、このような立場にある地域世界（や国）を優位勢力と呼ぶことにする。

交流の内容

世界史とは、単に七つの地域世界それぞれの個別的な活動史のことではなく、七つの地域世界の交流の総和、すなわち支配＝被支配関係史のことであると指摘したように、世界史が成立するうえで交流は不可欠な要素である。ここで交流について説明しておこう。

交流は内容に従って、大きく四つのタイプに分けられる。第一タイプが、侵略、略奪、破壊、殲滅、征服、従属化、それに対する応戦や抵抗など暴力的な軍事交流。第二タイプが、交易、物々交換、農作物や道具や家畜の伝播など経済交流。第三タイプが、移民や通婚や奴隷などヒトの社会交流で、これは平和的手段によるものもあれば、暴力をともなった強制的手段によるものもある。そして、第四タイプが、宗教、文化、思想、科学技術、美術工芸品、生活習慣など文化交流である。

このように交流の内容は大きく四つのタイプからなり、三つの優位勢力は力点の置きどころに違いこそあれ、すべての交流タイプを駆使して世界を征服・支配したのである。ただ、侵略であれ、交易であれ、移民であれ、宗教であれ、なぜ交流するのかという疑問が起こるが、その理由は次の点にある。

すでにみたように、七つの地域世界には生活に必要な経済資源が均等に賦与されているわけではなく、ある地域世界は、他の地域世界よりも広大な土地があり、土壌も豊かで農業が発達している、ある地域世界は、他の地域世界にはない貴重品が産出される、ある地域世界はこれらの資源をほとんど持たない、というように、これまでの歴史でも現在でも不均等状態にある。そのため、食糧などの生活必需品であれ、一部の特権層が好む奢侈品であれ、必要な資源（ヒトも含まれる）に欠ける地域世界は、それを持つ地域世界との交易を通じて入手することが不可欠だが、しかし、常に相互の了解に基づいた平和的な交易が成立するとは限らないし、入手する側も専ら平和的手段を通じての入手を考えたわけでもない。

古代ローマ時代の歴史家タキトゥスは一世紀末に、ローマ帝国の人びとが辺鄙な土地に住む野蛮人とみなしたゲルマン人について、彼らに土地を耕して年々の収穫を期待すること（すなわち、自給自足の生活）を説いても意味がないといっている。その理由は、「血をもって購《あがな》いうるものを（すなわち、暴力による略奪）、あえて額に汗して獲得するのは懶惰《らんだ》であり、無能であるとさえ、彼らは考えている」（タキトゥス一九七九、七七頁、括弧内は引用者）からだという。

これは少し極端な例かもしれないが、社会や国家が成立して他の地域との交流が始まった時から平和的手段の交易に加えて、武力による強奪や征服によって必要な資源を調達・確保することは、ほぼすべての社会や国家にとり一般的手段であり常套手段でもあったわけで、ここから支配＝被支配関係が生まれたのである。ただ、文化交流はその性格からして強制的なものではないが、優位勢力となった地域世界はどれも自分たちの宗教や文化を他の地域世界に拡げることに熱心であり、ここでもしばしば強制的な交流が起こったのである（その一つが、第二章でみる中東勢力がイスラームを広めたこと）。極論すると、交流とは略奪や強制に基づいた支配＝被支配関係の確立のことであるということができるが、アメリカの国際政治学者ハンス・モーゲンソーが指摘するように、「社会的、経済的、政治的諸条件にかかわりなく、有史以来諸国家が相互に力の抗争を行なってきたことは否定できない」（モーゲンソー二〇一三、上、一〇八頁）のである。それゆえ、世界史は軍事力に裏打ちされた優位勢力を軸に動いてきたのである。

交流の地理的手段

最後に、交流手段にどのようなものがあるかみておこう。二一世紀の現在は交流手段には陸路、海路、空路の三つがあるが、二〇世紀になるまで交流は、陸路と海路の二つの手段を利用して行われた。そのさい、もっぱら陸路なのか、海路なのか、それとも二つの手段の組み合わせなのかは、それぞれの地域世界が置かれた自然地理環境によって決まったことは、いうまでもないことである。

実際の世界史をみると、中東が優位勢力の時代には、交易は海路を利用しても行われたが、他の地域世界に対する攻撃と征服はほとんどが陸路を使って行われたものである。ユーラシア大陸内は陸路で繋がっているからである（アフリカ大陸とも繋がっている）。しかし、ヨーロッパが優位勢力となった一七世紀以降になると海路を通じた交流が主流となった。その理由は、ヨーロッパ勢力による大洋で隔たったアメリカ大陸やオーストラリア大陸の「発見」と征服、それにヨーロッパを軸にした世界的規模の交易と支配は、海洋を利用して行うしか、他に手段がなかったからである。アメリカが優位勢力の時代になると、新たな交流手段として空路が加わった。他の地域世界とは海で隔たる北アメリカ大陸に位置するアメリカは、海路と空路を目的に応じて使い分けたが、その主役が空路であることは周知のとおりである。

中東、ヨーロッパ、アメリカの三つの優位勢力を、主にどの交流手段を利用して征服・支配したのかという観点からパワーの用語を使って名づけると、中東勢力の攻撃や征服はほとんどが陸路を利用して行われたので、「ランド・パワー」になる。ヨーロッパ勢力は、ユーラシア大陸西端の本拠地から世界各地の攻撃や征服、それに交易と支配も、大西洋やインド洋や太平洋などを利用して行ったので、「シー・パワー」になる。北アメリカ大陸に位置して他の地域世界と大洋で隔たっているアメリカは、世界各地での軍事介入は海路も利用したが、最も威力を発揮したのが空路なので、「エア・パワー」になる。

第一章　三つの地域世界の鼎立時代

一定規模の人口を持った国家や高度な文明は大規模社会を基盤に登場するのが常であり、大規模社会が誕生するには、多くの人びとを養うことが可能な定住農業の発達が不可欠である。世界の四つの大陸のうち農業が発達して大規模社会が形成されたのが、ユーラシア大陸である。世界史はユーラシア大陸の中東、アジア、ヨーロッパの三つの地域世界の交流史として始まったが、しかし、このうち一つの地域世界が他を征服・支配して優位勢力となるまでには長い年月がかかった。しばし三つの地域世界の鼎立状態が続いたのである。

1　ユーラシア大陸の文明発祥地

国家と文明の誕生

中東、アジア、ヨーロッパに諸々の国家が登場したなかで、有力な地域が、中東のメソポタミア

（現代のイラクとシリア）とエジプト、それにアジアのインドと中国の四つだった。四つの地域にはいくつか共通性があり、その一つが大河の流域に位置していることである（ヨーロッパのギリシアは小さな半島と多くの小島からなる地域だし、大河もない）。

エジプトはナイル川、メソポタミアはティグリス川とユーフラテス川、インドはインダス川とガンジス川、中国は黄河と長江（揚子江）と世界有数の大河が流れており、これらの流域に国家と文明が興ったのである。大規模社会が形成されるには大規模農業の発達が不可欠であり、それには水利が不可欠だが、これらの大河がそれを提供したのである。イギリス人で二〇世紀前半に活発な言論活動を行い、地政学の祖と呼ばれるH・マッキンダーは、一九四二年に刊行した本のなかで、「豊かな水と肥沃な土、それに強烈な太陽のめぐみ――これで人間の生活が栄えぬはずはない。……豊かな自然と交通の便、マン・パワーとその組織を可能にするもろもろの条件――これらが王国の建設にとって欠くべからざる要素」（マッキンダー二〇〇八、四二頁）、と指摘しているが、四つの地域はユーラシア大陸各地のなかで、これらの要件を最もよく備えていたのである。

大河がいかに大規模農業社会を支えるか、エジプトの例がよく語っている。エジプトは国土の九七％を砂漠の乾燥地帯が占める国だが、アフリカ大陸内部に発して北の方角に流れ、地中海に注ぎ込むナイル川一本がエジプトの農業と経済を支えている。古代の中王国時代の前一三世紀に書かれた『ナイル讃歌』は歌っている。

ナイルを讃える。ようこそ、ナイルよ。大地から流れ出し、エジプトを生かすために来た者。

……上エジプトの乳。緑野をうるおす者。……水から離れた沙漠をうるおす者。それは天から下る露（として）である。……もし彼が充分に増水しなければ、……すべての人々は貧しくなる。……食糧をもたらす者。糧食に富む者。すべての良きものの創造者。……家畜のために草を生やす者。……倉を満たす者。穀倉を広げる者。貧者に財産を与える者。……ナイルが増水するとき、あなたに捧げ物がなされる（歴史学研究会編二〇〇六〜、一巻、一五〇〜一五一頁）。

農業が発達して余剰農業生産が生まれると社会の分業化が起こり、農業以外の職業に従事する工芸職人、商人、聖職者、芸術家、兵士、支配者などが登場して都市社会が誕生するが、これらの地域ではこれを基盤に強大な国家が誕生したのである。すなわち、ユーラシア大陸は他の大陸に較べると動植物資源に恵まれていたので、定住農業―高い農業生産―大都市の誕生―文明の発展―強大な軍事国家の誕生、というサイクルを辿ることができたのである（ダイアモンド二〇一二）。

文明の象徴ともいえる文字の存在も、強力な国家の登場を可能にした要因の一つだった。ユーラシア大陸の地域世界では、フェニキア文字を筆頭に多くの国で文字が考案され、国家の協定や法律や命令が記録されたので、王の命令は、その目や声がとどかない遠い地域にまで達したし、王の死後も記録として残ったからである。これにより、国家の地理的空間の広がりと時間的持続の二つが可能になり、広大な地域を支配する領域国家（帝国）や長期国家が登場したのである。

世界宗教の誕生

近代になるまで国家は宗教と密接な関係にあり、世界各地で様々な宗教が誕生しているなかで、現代の有力宗教も中東とアジアの地で興ったものである。その一つが、中東のイスラエルの地で前六世紀に誕生したユダヤ人のユダヤ教である。世界的にみるとユダヤ教の信徒数は少なく大宗教とはいえないが、ユダヤ教が注目されるのは、現代世界の三大宗教の一つキリスト教がユダヤ教を母体に、イエス（前四頃～三〇年頃）が発展させた宗教であることにある。

ユダヤ教とキリスト教に似た関係はインドでも起こっている。インドでは前一〇〇〇年頃にアーリア人のバラモン教が誕生し、後にバラモン教はインドの土着の人びとの社会慣行を取り入れて、現代インドの支配宗教であるヒンドゥー教が誕生する母体の役割を果たしたからである。インドではこれ以外にも、エリート主義的で厳格な身分制のバラモン教に対する批判のなかから、前五〇〇年頃に万人の平等と救済を唱えた仏教が誕生している。仏教はその後インドでは廃れたが、他のアジア諸国に広まって世界宗教の一つとなった。中国でも、仏教の誕生とほぼ同じ前五〇〇年頃に、後に中国国家の体制思想となる儒教《じゅきょう》、それに有力な民間信仰の地位を獲得する道教が誕生している。そして、キリスト教、仏教と並んで現代世界の三大宗教の一つのイスラームは、第二章でみるように、六二〇年に中東のアラビア半島で誕生したものである。

このように、現代の主要宗教はすべてユーラシア大陸の地で、約一四〇〇年以上も前に誕生したものなのである。

2　三つの地域世界の鼎立状態

本書の関心は、世界史がどの優位勢力の下で展開されたのか、すなわち、支配＝被支配関係がどのようなものだったのかみることにあるが、世界各地で国家が登場して国家を軸にする世界史が始まった当初は、優位勢力と呼べる地域世界が登場することはなく、三つの地域世界の鼎立状態にあった。すでに侵略や交易などの交流が始まっていたとはいえ、中東（メソポタミアとエジプト）、アジア（インドと中国）、ヨーロッパ（ギリシアとローマ）は、それぞれ相対的な自立性を保っていたのである。三つの地域世界がどのようなものだったのか、簡単にみておこう。

中東（メソポタミアとエジプト）

世界最初の農耕文明は、前三〇〇〇年頃に水利に恵まれた「肥沃《ひよく》な三日月地帯」と呼ばれるメソポタミア地域で興り、世界で最初の国家もこの地で誕生したものである。シュメール人が前二九〇〇年頃に創った都市国家がそうであり、それより前の前三四〇〇年頃にはフェニキア人が、交易取引を記録するために世界最初の文字のフェニキア文字を作っている。現在、世界で使われている漢字系以外の文字は、ほとんどがアルファベットの母体となったフェニキア文字から派生したものだといわれているように、メソポタミアは世界の国家と文明の発祥地なのである。これを示す一例が、前二二世紀末〜前二一世紀初めの時期に、世界最古の法律といわれるウルナンム法典が編纂されたことであり、第一条では、もし人が殺人を犯したならば、その人は殺されねばならない、と定めている（歴史学研究会編二〇〇六〜、一巻、一七頁）。エジプトでも古王国時代の前二五〇〇年頃にピラミッドやスフィンクスが創られたが、これはエジプトの国家の権勢を示すものであると同時に、高度な文明を象徴するものでもあった。

このように中東では、メソポタミアとエジプトで国家と文明が興ったが、その後、ペルシア（現在のイラン）でも有力国家が誕生し、時間が経過するにつれて、交易に加えて、侵略や征服などの軍事交流が始まった。前一五〇〇年頃にメソポタミアの勢力がエジプトを支配下に入れたこと、前五〇〇年頃に、ペルシアを拠点にするアケメネス朝ペルシアがメソポタミアやエジプトなど、ほぼ中東全域を支配下に入れて強大な国家となったことは、その一例である。中東はしばしば地域勢力の分立状態に陥ることがあったものの、この時代の中東地域世界の国家史はメソポタミア、エジプト、ペルシアの三つのサブ地域の有力国家を基本アクターに展開されたのである。

この時代の中東地域世界の特徴として二つが挙げられる。一つが、中東を一つの政治単位としてみた場合、常にある国やサブ地域が支配者として君臨していたのではなく、時代の変遷とともに中心地が移動していることである。エジプト（古王国）―イラン（アケメネス朝ペルシア）―バルカン半島（アレクサンドロス帝国）―エジプト（プトレマイオス朝）―トルコ（ビザンツ帝国）と、有力国家の変遷が頻繁だった。もう一つが、とはいえ、しばしば強大な国家が登場して、中東を中心に南ヨーロッパ、北アフリカ、南アジアの一部に広がる広大な政治圏が形成されたことである。ただ、広大な政治圏といっても、それは軍事支配にとどまって、言語や宗教文化の点では分立状態にあり、中東を一つの政治文化圏と呼べるようになるのは、第二章でみるように、イスラーム国家が誕生した七世紀中頃以降のことである。

アジア（インドと中国）

アジアで最初に国家と文明が興ったのは中国（東アジア）とインド（南アジア）だが、歴史的に確認できる統一国家の成立はインドのほうが少し早い。

前七世紀頃に、北インドのガンジス川流域にマガダ国など一六のヒンドゥー教国家が興り、前三一七年になると、最初の統一国家のマウリヤ朝（前三一七〜前一八〇年）が誕生したからである。ガンジス川河畔の稲作地帯のパータリプトラに首都を置いたマウリヤ朝は、第三代アショーカ王の時代に西北インドや中部インドや東部インドなどに支配領域を拡大して、領域の点でみた現代インド国家の原型を創りあげた。これ以降、インドの国家史は、北インドを拠点にする有力国家を軸に、インド各地に割拠する諸々のヒンドゥー教勢力が覇権を競う形で展開され、この状態は一三世紀に中央アジアのイスラーム勢力が北インドを征服するまで続いたのである。インドは統一国家の時代よりも、各地に有力な地域勢力が分立する時代が長かったし、宗教も、ヒンドゥー教のほかに仏教やジャイナ教などいくつかの有力宗教が興っているが、有力国家はほとんどがヒンドゥー教を掲げるものだった。インド各地の国家は政治的に分裂していたが、宗教文化の点ではヒンドゥー教という共通性を持っていたのである。

中国では、伝説的な国家がインドよりも早い段階に登場しているが、しかし、史料で確認できる統一国家の登場はインドより少し遅く、前二二一年に華北の地に誕生した秦《しん》である。初代皇帝は皇帝権の絶対化と中央集権化を強力に進めたが、わずか約二〇年でその時代を終えた。前二〇二年になると前漢《ぜんかん》が覇権を握り、前漢（前二〇二～八年）と後漢《ごかん》（二五～二二〇年）あわせて四〇〇年程続いた長期国家となった。漢が中国の国家史に持った意義は、漢字の発明、国家宗教としての儒教の採用、儒教の素養を持つ知識人を官僚に登用する科挙《かきょ》制度など、二〇世紀初頭まで続いた中国国家の根幹を創りあげたことにある。

漢の滅亡後は、中国各地に様々な地域勢力が割拠した分裂時代を経て、七世紀になると隋《ずい》（五八一～六一八年）と唐《とう》（六一八～九〇七年）の統一国家が登場した。このうち、律令《りつりょう》体制と呼ばれる国家制度の下で三〇〇年近く続いた唐は、軍事力や経済力の点で中国の古代国家の最盛期となり、西方世界と活発な交易を行ったことで知られている。東アジアの民族構成は、中央部に漢族、周辺部に様々な少数民族が住むというもので、両者の間で中国の覇権を巡って絶えることなく抗争が繰り広げられたが、いまみた国家はいずれも漢族が創ったものである。東アジアの国家史の特徴は、朝鮮や北ベトナム地域、それに中国の北部や西部や南部などを含む、東アジアのほぼ全域を支配下に入れた帝国と呼べる強力な国家がしばしば登場したことにあるが、周辺国家も中国と同様に、儒教や科挙制度を基本制度にしたのである（岩崎二〇一四）。

アジアではインドと中国に強大な国家が登場したが、二つの国家は同じ地域世界に属しながらも、攻撃や征服を行って支配＝被支配関係となることはなかった。その理由は後で考えることにする。

ヨーロッパ（ギリシアとローマ）

ヨーロッパでは、前二〇〇〇年頃〜前一四〇〇年頃にかけて、地中海に浮かぶクレタ島でクレタ文明が興ったのが最初の文明だが、その後、ギリシアとイタリアで文明が興り、有力な国家はギリシアとイタリアで誕生したものである。ヨーロッパでは、最初に南ヨーロッパで文明と国家が興った理由は次の点にある。中東のメソポタミアに住むフェニキア人は、地中海沿岸部を拠点にする航海商業民として、独特の形の交易船を利用して地中海の南岸（チュニジアやモロッコなど）を活動領域にした。また、ギリシアを拠点にするギリシア人も、地中海の北岸（ギリシア、アナトリア半島沿海部、イタリア南部、フランス地中海沿岸部など）で交易活動を行い、一部の地域を植民地とした。このフェニキア人とギリシア人による交易と植民活動のなかから、南ヨーロッパと中東の一部地域からなる地中海地域が形成されて、有力国家が誕生したのである。ただ、そこでの経済活動はアジアのように農業ではなく、商業（交易）だったことに特徴がある。

七つの地域世界の観点からすると、地中海地域はヨーロッパ地域世界の要素と中東地域世界の要素が重なりあい融合した、いわば、二つの地域世界の混合圏といえるものだったが、次第にヨーロッパ勢力が支配権を握った。それを決定づけた出来事が、都市国家ギリシアとトルコを拠点にするアケメネス朝ペルシアが、前五〇〇〜前四四九年に戦ったペルシア戦争である。戦いは半世紀ほど続いたが、重装歩兵を中心に密集隊戦術を採るギリシアが勝利して地中海地域の覇権を握ったのである。自由市民と奴隷からなるギリシアの都市国家は、高度な思想や学問や文学や芸術などを発達させて、その後のヨーロッパや世界に多大な文化的影響を与えたが、優位勢力の観点からすると、それとはほど遠い勢力であり、他の国や地域世界を征服・支配して帝国を形成することはなかったのである。

ギリシア衰退後に地中海地域の支配者となったのが、伝説によると前七五三年にイタリア半島に建国された都市ローマである。当初ローマの支配領域は地中海地域北部に限定されていたが、北アフリカのライバル都市カルタゴとの覇権争いに勝利すると、ギリシア同様に市民の重装歩兵からなる強力な軍隊を武器に領土拡張を進めた。この結果、地中海を囲んで、南部の北アフリカ、エジプト、東部のメソポタミア、北東部のトルコ、バルカン半島、北部のドイツ南部、フランス、イギリス南部、そして西部のイベリア半島を支配下に入れた広大な領域国家のローマ帝国が誕生したのである。ローマ帝国は三〇〇年ほど栄華を誇った後、三九五年に東西の二つの帝国に分裂し、西ローマ帝国は東ヨーロッパの地から帝国内に移動して傭兵となったゲルマン人により四七六年に皇帝が廃位されて滅亡した。しかし、東ローマ帝国（ビザンツ帝国ともいう）は、その後、一〇〇〇年ほど生き残り、ギリシア文化とローマ文化の後継者として、ヨーロッパの地域世界と中東の一部の地域世界に君臨して、一四五三年に中東勢力に滅ぼされるまで続いた。

ローマ帝国がヨーロッパ地域世界に持った意義は二つある。一つが、最盛期の支配領域が南ヨーロッパに加えて、フランス、ドイツ、イギリスなど西ヨーロッパにも及び、現在のヨーロッパ地域世界の領域を創りあげたことである。もう一つが、キリスト教がローマ帝国の国教となると、ヨーロッパ全域に広まったことである。中東のエルサレムで誕生したキリスト教は、当初、ローマ帝国では迫害されたが、三八〇年に国教となった。ローマ帝国が分裂すると、キリスト教会もローマとコンスタンティノープル、さらに後にはモスクワを本拠地とする三つの宗派に分裂したが、キリスト教はヨーロッパ社会を一つにつなぐ最大の要素となったのである。第二章でみるように、七世紀中頃以降、中東の地域世界はイスラーム世界と同義語になるが、それより少し前に、ヨーロッパの地域世界はキリスト教世界と同義語になったのである。

東西に分裂したローマ帝国のうち、ヨーロッパ地域世界の形成に重要な触媒の役割を果たしたのが西ローマ帝国である。西ローマ帝国が滅亡した外部要因は、それまで東ヨーロッパに住んでいたゲルマン人が、西ローマ帝国領土内に大挙、移動してきたことにあったが、五～六世紀にかけての時期に、アングロ・サクソン人がアングロ・サクソン七王国（イギリス）、フランク人がフランク王国（フランス北部とドイツ西部）、ランゴバルド人がランゴバルド王国（イタリア）、西ゴート人が西ゴート王国（スペイン）と、西ヨーロッパ各地にそれぞれの国家を創った。これがゲルマン人の大移動といわれるものである。ヨーロッパ地域世界にゲルマン人の大移動が持った意義は、第三章でみるように、彼らが創ったこれらの国家が、近代になると世界史の優位勢力となる西ヨーロッパ諸国の原型となったことにある。中世ヨーロッパ史研究者のアンリ・ピレンヌと増田四郎によると、ゲルマン人が創ったこれらの国家のなかでもとりわけ重要なのがフランク王国である。その理由は、フランク王国がローマ帝国の理念、キリスト教、ゲルマン人の精神の三つの融合を体現したものだったことにあり、カール大帝（在位、七六八～八一四年）時代に、単なる地理的意味ではなく、精神的な意味でのヨーロッパ地域世界が形成されたのである（ピレンヌ一九六〇、増田一九六七）。

3　地域間交流の始まり

この時代の有力国家は、中東ではアケメネス朝ペルシアやササン朝ペルシア、それにエジプトの古王国、アジアではインドのマウリヤ朝や中国の漢や唐、ヨーロッパではローマ帝国などであり、それぞれの地域世界に君臨した。これらの国家は近隣諸国を絶えず攻撃・征服して支配領域を拡大したので、他の地域世界を支配下に入れた世界史で最初の優位勢力になったとしても不思議ではなかったが、この時代に優位勢力が登場することはなかったのである。なぜだろうか。

優位勢力が登場しなかった理由

優位勢力とは、他の地域世界を軍事的に征服・支配して、経済や文化でも影響力を持った勢力のことだが、三つの地域世界に登場した有力国家のうち、人口、農業生産力、軍事力など、現代の用語概念を使うと国力が高く、優位勢力に最も近い場所に位置していたのがアジアの中国とインドの国家だった。これは、西暦ゼロ年のインドと中国の国民総生産が、それぞれ世界の三二・九％と二六・二％を占めて、世界第一位と第二位の経済大国であったという事実が証明している（マディソン二〇〇四、三一〇頁）。

この時代には、三つの地域世界の交流が始まっている。その一つが、中国の漢が家臣をローマ帝国に派遣し、ローマ帝国も中国とインドに使節を派遣したことであり、これは、中国とインドがともに中東やヨーロッパの存在を知っていたことを意味している。アジアの地域世界内部でも、インドから中国に仏教が伝わり、中国の僧侶がインドに仏教留学するなど文化交流が起こっているが、これは中国が文化や経済力が豊かなインドの存在を知っていたことを意味している。それなのに、なぜ中国とインドは、お互いの国、さらには中東やヨーロッパの地域世界を攻撃・征服して支配下に入れることを試みなかったのだろうか。ここでは、優位勢力が登場しなかった理由を中国とインドを例に考えてみる。その理由は、アジアの国家が「平和主義的」だったからではなく、それとは別の点にあった。四点が指摘できる。

第一が、自然地理の制約である。中国とインドは、同じアジアの地域世界に属して近接する国なので、互いに相手国の攻撃と征服を試みたとしても少しも不思議ではないが、しかし、それを試みることがなかった。なぜだろうか。もし、中国とインドが陸路から相手国を攻撃しようとした場合、直線距離をとるのが最も合理的だが、両国の間には世界の屋根のヒマラヤ山脈が聳えているため不可能である。しかし、この時代には、すでに交易のためにヒマラヤ山脈を迂回するルートが開拓されていたので、これを利用すれば可能だが、迂回ルートを利用した場合も、両国の間には険しいパミール高原や広大なタクラマカン砂漠が横たわっているので、何万という兵士の進軍や補給物資の輸送は不可能ではないにしても、膨大なコストと時間がかかるという問題があった。最後に残された手段として、陸路ではなく東南アジアのマラッカ海峡を経由する海路を利用すれば可能だが、両国ともに陸の国家だったので、これは選択肢になかったのである（岩崎二〇一四）。

中国とインドの例が語るように、中東、アジア、ヨーロッパの三つの地域世界は陸続きとはいえ、険しい山脈や高原など自然地理の障壁で隔てられているので、攻撃や征服は極めて難しかったのである。ただ、中東とヨーロッパは、それぞれの一部の地域が地中海地域を形成したように、距離的にさほど隔たっていないどころか、両者の間には険しい山地がないし、内海の地中海で繋がっているので、しばしば攻撃や征服が行われて、短期間ながら支配＝被支配関係が成立している。その一つが、ローマ帝国が一時期中東のメソポタミアやエジプトを支配下に入れたこと、もう一つが、前二五年にローマ帝国が中東の地にインドとの交易拠点を築く目的で、紅海の出口に位置するアラビア半島南西端のイエメンの征服を、失敗はしたが試みたことである。

しかし、いかにローマ帝国が強大だったとはいえ、中東はいざしらず、インドや中国など、はるかに遠いアジアの地域世界を攻撃・征服して支配下に入れることは不可能であった。この時代は、どの有力国家も、ユーラシア大陸の隣接する地域を攻撃して一時的に征服することはできても、ユーラシア大陸全域を支配下に入れるには、自然地理の阻害要因が大きすぎたのである。H・G・ウェルズが指摘するように、ローマ帝国と中国が「直接衝突するに至るには、交通機関は海陸ともに、いまだ十分に発達してはいなかったし、組織化されてもいなかった」（ウェルズ二〇一二、一九七頁）のである。

第二が、実は、三つの地域世界の有力国家はともに本拠地で強力な「外敵」を抱えていたことである。三つの地域世界のうち、中東（メソポタミア）とアジア（北インドと北中国）の有力国家は大河のほとりの肥沃な地に農業基盤型国家として興ったが、これらの豊かな農業国家は、常にモンゴル高原、トルキスタン、イラン高原、南ロシアなどからなる中央アジアに住む、スキタイ、匈奴、パルティア、柔然、エフタル、突厥などの国家や遊牧民の攻撃の危機にさらされていた。これはローマ帝国も同様で、中部・東ヨーロッパに住む、ゲルマン人の攻撃や侵入の圧力にさらされ続けていた(実際に、西ローマ帝国はゲルマン人の攻撃で滅亡した)。自国の辺境地域に住む攻撃的な集団の侵略にさらされていた三つの地域世界の有力国家にとり、他の地域世界を長期に及んで大規模な軍隊を動員して侵略・征服しようとした場合、自国の防衛に空白が生まれる危険性があったのである。

第三が、中国とインドの特殊要因で、これは中国とインドの政治社会の特性といえるものでもある。それが、その国家観や宗教社会観のなかに、自分たちの国(地域世界)を超えて他の地域世界を征服・支配する論理がなかったことである。

古代から中国の国家の世界観が「中華思想」にあることはよく知られている。中華思想とは、漢族が住む中国が世界の政治、経済、文化の中心であり、中国以外の地は文明が遅れた野蛮な地域にすぎないという見方である。この観点から中国は、野蛮な周辺国が中国との交流を望んで自らアプローチしない限り、中国とは無関係の存在とみなしたのである。ただ、東アジアの周辺国家に対しては中華思想が及ぶべき範囲だと考えて、攻撃・征服して従属させたが、中国からはるかに遠いインド、中東、ヨーロッパはその関心外の地域であった。中華思想に支えられた漢族が創った国家には、地理的に近く文化同質的な東アジアを超えて、まったく異質な宗教や文化価値を持つ、はるか遠くの地域世界を征服して、政治支配下に入れる「支配欲」が生まれることはなかったのである。

これに加えて、中国の場合、さきほどみた自然地理の制約がとりわけ大きかったことが指摘できる。中国はユーラシア大陸の東端に位置し、北はシベリアの寒冷地帯、東は広大な太平洋、南は南シナ海の海域に囲まれて、他の地域世界と切断された状態にある（これは、第三章でみるように、西ヨーロッパとほぼ同じ自然地理境遇である）。唯一、他の地域世界と陸路で繫がるのが西の方角だが、しかし、そこには世界の屋根のヒマラヤ山脈が聳え、広大なタクラマカン砂漠が西方世界との交流を妨げている。これが、近代になるまで中国が他の地域世界の侵略を受けることなく自立性を維持できた要因として作用したが、同時に、中国が他の地域世界を攻撃するさいにも当てはまったのである。

インドの特殊要因は、その宗教観が他の地域世界（外国）を征服・支配する行為と相容れないものだったことである。インド社会はバラモン教を基礎に形成されたヒンドゥー教が支配的宗教であり、インドの有力国家はヒンドゥー教国家だったことをみた。ヒンドゥー教国家における国家社会観の特徴は、国家とは同じ宗教、すなわちヒンドゥー教を信仰する人びとの集合体のことであり、異なる宗教を信仰する人びとは含まれないと考えることにある（岩崎二〇一四）。そのため、インドでも、ヒンドゥー教とは違う宗教を信仰する異民族が住み、インド社会とはまったく違う価値観を持った地域世界を侵略・征服して、支配下に入れることへの「支配欲」が生まれることはなかったのである。

第四が、アジアが宗教や歴史文化で分節する地域世界だということである。すなわち、中国は儒教、インドはヒンドゥー教に価値をおく国であり、宗教が違うだけでなく歴史文化の共通性もほとんどない。そのため、中国とインドが「協同」や「協調」して他の地域世界を攻撃・征服したり、分割支配したりする社会的土壌がなかったのである。換言すれば、巨大な人口と国土からなる中国とインドはそれぞれが完結した「一つの世界」であり、両国ともに同じアジアの地域世界に属する国であるという「仲間意識」が希薄だったのである（終章でみるように、これは現在もあまり変わっていない）。

活発な経済文化交流

かくして、ユーラシア大陸の三つの地域世界に登場したどの有力国家も、本拠地の地域世界を超えて他の地域世界を攻撃・征服して支配下に入れることはなかったが、交易や一部の商人の訪問や宗教の伝播など、経済文化交流は活発に行われた。

エジプトに住むギリシア商人が一世紀頃に書いたとされる『エリュトゥラー海案内記』（一九九三）は、エジプトのカイロ―紅海―アラビア半島南岸―インド―東南アジアのマレー半島地域で交易を営む商人向けの、各地の交易港の様子や交易品を紹介した世界最初ともいえる交易手引書である。このような指南書が書かれたこと自体、この頃からインド洋を中心に東の中国世界と西のローマ世界、すなわち三つの地域世界を結ぶ一大交易ネットワークが形成されて、交易が盛んだったことを語っている。

この時代の東西交易は三つのルートを利用して行われた。中国からみた場合でいうと、第一ルートが、長安を出発してタリム盆地、タクラマカン砂漠、パミール高原など中央アジアのオアシス都市を経由してバグダードからローマに至る「オアシスの道」である（中国の絹が、このルートで中央アジアに住むソグド人の手で西方世界に運ばれたことからシルクロードとも呼ばれた）。第二ルートが、北京からモンゴル草原とカザフ草原を経由してロシア南部の草原都市に至る「草原の道」である。そして、第三ルートが、中国沿海部の港町を船で出発し、東南アジア、インド、アラビア半島の紅海とペルシア湾の港を経て地中海に至る「海の道」である。

これらのルートを利用して様々な東西交流が行われたなかで、政治と経済分野のそれを一つずつ挙げておこう。政治は、九七年に中国の後漢の西域を拠点にする武将が家臣をローマ帝国に派遣し、一六六年にはローマ帝国の皇帝も後漢に家臣を派遣したことである（ただし、研究者の間では、ローマ帝国のそれは本物の使者だったのか議論があるが）。経済（交易）は、ユーラシア大陸東端の中国の漢と西端の地中海のローマ帝国をターミナルに、中間に位置する中東や中央アジアのオアシス都市や遊牧民やインドの国家などが参加して、活発な交易が行われたことである。一例をあげると、北インドの国家とローマ帝国との交易では、インドは胡椒、綿布、真珠、象牙細工などを輸出し、ローマ帝国からは陶器、ガラス器、酒、金貨などを輸入している。東西交易が海路を利用しても行われていたことを示す証拠の一つが、東南アジアのベトナムの南シナ海に面した港町オケオの遺跡から、ローマ帝国の金貨や中国の漢の青銅器が出土していることである。

文化交流も様々に行われ、ギリシア文化とオリエント文化が融合したヘレニズム文化が誕生したことは、その一例である。ヘレニズム文化は西のローマ、東のオリエント（中東）、北インド、東アジアへと伝わり、一三〇年頃には現在のパキスタン北部のガンダーラで、インド仏教とギリシア彫刻が融合したガンダーラ仏教美術が誕生している（ガンダーラ仏教美術は、仏教とともに中国や日本にも伝わった）。三つの地域世界の間だけでなく、アジアのサブ地域間の文化交流も活発だった。中国の僧侶・法顕《ほっけん》が三九九～四一〇年に仏教寺院巡礼のためにインドに渡ったこと、六二九～六四五年には玄奘《げんじょう》が仏教の勉学のために、シルクロード経由で当時のインドにおける仏教の最高学府であるナーランダー僧院に留学して、数多くの経典を持ち帰ったこと（玄奘は帰国後、中央アジアやインドでの見聞をもとに旅行記『大唐西域記』を書いた)、はその一例である。そして何よりも、この時代の最大の宗教文化交流といえるのが、中東で誕生したキリスト教がヨーロッパに伝播して定着したことである。

この時代の小括

この時代にはユーラシア大陸の中東、アジア、ヨーロッパの三つの地域世界は、地理的に隣接する中東と南ヨーロッパの間では、しばしば軍事交流(征服と支配)が行われたものの、交易と文化交流が中心であり、軍事力を背景にした支配＝被支配関係は成立しなかった。また、すでにこの時代にアフリカ大陸、アメリカ大陸、オーストラリア大陸でも各地で社会と文明と国家が誕生しているが、これらの地域はユーラシア大陸と大洋で隔てられているので、ユーラシア大陸の勢力はその存在を知らなかったし、アフリカ大陸やアメリカ大陸の社会も、ユーラシア大陸の地域世界に接近することがなく、交流はなかった。この限りで、この時代の世界史はユーラシア大陸史のことだったのである。

本書の分析軸である優位勢力との関連で注目されるのは、この時代に、後に優位勢力となる中東とヨーロッパの地域世界の原型が創られたことである。すなわち、中東はメソポタミア、エジプト、ペルシアの間で征服・支配と交易を通じた一体化が進んで、七世紀中頃以降、イスラームの名の下で、世界史で最初の優位勢力となる地域基盤が醸成されたこと、ヨーロッパでも、ギリシアとローマが主導した地中海地域の活動が、近代に優位勢力となる「西ヨーロッパ」が発展する触媒の役割を果たしたこと、がそうである。この時代は、世界史に登場する優位勢力の「準備期間」だったのである。

第二章

中東勢力の時代——ランド・パワーの拡大

三つの地域世界の鼎立状態を抜け出して、世界史で最初の優位勢力となったのが中東である。そのおおよその期間は、アラビア半島でイスラーム国家が誕生し、それが中東全域や他の地域世界に広がった七世紀中頃から、スペインでイスラーム国家が崩壊した一四九二年までの、約八四〇年間である。この期間をどのように時代区分するのか、中東研究者の間で定説といえるものはないが、その一つに、支配的国家を基準にした区分がある。それによると、イスラーム国家の勃興期の「ムハンマド時代」と「正統カリフ国家時代」、台頭期の「ウマイヤ朝時代」、最盛期の「アッバース朝時代」、そして爛熟期の「オスマン帝国時代」、になる(前嶋二〇〇〇、三八三頁)。しかし、本章は、中東が優位勢力時代の中東地域世界内部における支配的国家の変遷、その特徴や違いをみることが目的ではないので、約八四〇年を一つのまとまった時代として扱うことにする。

なぜ、中東が優位勢力となり世界の支配者になったのか、その最大の原動力はイスラームに求められる。イスラームが誕生する前の中東は、イラン高原の南部を拠点に中東の東部地域を支配するササン朝ペルシア、それにバルカン半島のコンスタンティノープルを首都に中東の西部地域を支配するビザンツ帝国の二つが有力国家だった。それが、六二二年にアラビア半島でイスラーム国家が誕生すると、またたくまに中東全域を席巻し、さらには、南ヨーロッパ、南アジア、東南アジアへと広がったのである。この時代の世界史の舞台はまだユーラシア大陸に限られていたが、イスラームはどのように誕生し、それを基盤にしたイスラーム国家がどのようにしてユーラシア大陸に広がり、中東勢力は世界をどのように支配して変えたのだろうか、そして、世界史における中東勢力の意義は何だろうか。本章ではこれらを考えてみたい。

1　イスラーム国家の誕生

イスラームの誕生

第一章でみたように、世界文明発祥地の一つの中東はメソポタミアとエジプトが政治と文明の中心地だったが、イスラームが誕生したのは、古代メソポタミアの支配者もローマ帝国の支配者も関心を持たなかった、広大な砂漠が広がるアラビア半島である。イスラームはアラビア半島西部のヒジャーズ地域に住む、アラビア語を話すアラブ人の間で興った宗教なのである。

イスラームが誕生した経緯は次のようなものだった。アラビア半島西部の紅海に近い交易都市メッカで、アラビア半島西南端のイエメンとメソポタミアの中心地であるシリア間交易に隊商を組んで従事していた商人のムハンマド（五七〇～六三二年）が、六一〇年（四〇歳の時）に、メッカ付近のヒラー山の洞窟で瞑想していたさいに、アッラーの啓示を聞いたことで誕生したのがイスラームである。ムハンマドが聞いたアッラーの言葉は、彼の死から約二〇年後に『コーラン』（クルアーン）に纏められた。イスラームの特徴は、唯一神アッラーとその預言者（神の言葉を預かる者）がムハンマドであることを認めた者は、民族に関係なく誰でも信徒になれること、アッラーと信徒の間に仲介者としての聖職者の存在を認めないこと、アッラーを偶像として敬うことを禁止すること、などにある。

イスラーム国家の誕生

イスラーム教徒（以下ではムスリムと表記する）の支配者がイスラーム法に依拠して統治するのがイスラーム国家であり、その誕生の経緯は次のようなものだった。ムハンマドは六一四年にメッカの街頭でイスラームの布教を始めたが、豊かな商人の蓄財を批判したことから、交易都市メッカを牛耳るクライシュ族の長老の怒りを買って迫害され、六二二年に少数の信徒とともにメッカの北、四〇〇キロほどに位置する交易都市のメディナに逃れた。当地でムハンマドは信徒と一緒にイスラーム共同体（ウンマ）を創ったが、これが世界で最初のイスラーム国家である。共同体成員をつなぐ要素が血縁や民族ではなくイスラーム（宗教）だったので、イスラーム共同体はまぎれもなく宗教共同体だが、同時に政治共同体（国家）でもあったのである（アンサーリー二〇一一、七三頁）。

これをよく語るのが次のエピソードである。ムハンマドはメディナにイスラーム国家を樹立すると、三回におよぶ戦闘の末に、六三〇年に一万の軍隊を率いて敵対するメッカの街を無血征服して、イスラーム国家の支配領域を拡大したが、メッカとの戦いではムハンマド自ら戦闘を指揮した。このことは、ムハンマドが宗教指導者であると同時に、政治指導者や軍事指導者でもあることを意味している。実際に、ムハンマドは宗教指導者としてアッラーの言葉を人びとに伝え、政治指導者として法律を発布・施行し、税金を集め、外交の指揮をとり、軍事指導者として戦争を行い、和議を結んだのである（ルイス二〇〇一、八七頁）。興味深いのは、メッカとの最初の戦闘に勝利すると、ムハンマドは指導者の自分には戦利品の五分の一を取得する権利があると定めたことであり（残りの五分の四は戦いに参加した戦士の間で分配された）、この権利はムハンマドの後継者にも継承されたのである（佐藤一九九七、八一～八二頁）。

本章の関心は、アラビア半島に誕生したイスラーム国家がどのようにして世界各地に広がり、世界を支配したかにある。イスラームの伝承によると、ムハンマドはイスラーム国家を樹立すると世界各地の異教徒の国家の支配者に手紙を送り、自分が神の使徒であることを告げて、イスラームを受け入れるように促したという（ルイス二〇〇一、一九二頁）。ムハンマドの勧告を真に受けた支配者は一人もいなかったと思われるが、瞠目《どうもく》すべきは、その後の世界史の展開がほぼこれに沿って進んだことである。すなわち、六三二年にムハンマドが亡くなった時には、イスラーム国家の支配領域はアラビア半島の西部地域に限定されていたが、その後の約一〇〇年の間に、メソポタミアやイランやエジプトなど中東全域に拡大しただけでなく、西はイベリア半島から東はインドに至るまでユーラシア大陸の広大な地域に広がったからである。

2　ユーラシア各地への拡大

イスラーム国家が、ユーラシア大陸各地に拡大した大まかな経緯がどのようなものだったのか、既存研究文献の助けを借りて跡付けると、次のようになる。

中東――ウマイヤ朝とアッバース朝

ムハンマドが指導者の時代（六二二～六三二年）に誕生したイスラーム国家は、ムハンマドが亡くなると正統カリフ国家（六三二～六六一年）に継承された。カリフとは、神の使徒であるムハンマドの後継者を意味する言葉で、第一代にムハンマドの古い友人のアブー・バクル、第二代に初期信徒のウマル、第三代にムハンマドの遠い親戚のウスマーン、そして第四代にムハンマドの娘婿のアリーが就任した。イスラーム国家の支配領域はこの正統カリフ国家時代にほぼ中東全域に広がったが、当時の中東は、イランを拠点に民族宗教のゾロアスター教を国教にするササン朝ペルシアと、バルカン半島のコンスタンティノープルを拠点にするキリスト教国家のビザンツ帝国が覇権を競い合う状態にあった。二つの国家は新興のイスラーム国家よりもはるかに強大だったが、領域拡張はこの二つの帝国との戦争を通じて行われたものである。

まず、六三六年にビザンツ帝国軍七万とイスラーム国家軍二万四〇〇〇の間で、ヨルダン川支流の

国家（王朝）	時期（西暦）	勢力範囲など
正統カリフ国家	632 ～ 661	アラビア半島を中心にシリア、エジプトなど、ほぼ中東全域。
ウマイヤ朝	661 ～ 750	西北インドからアフリカ北岸、イベリア半島までを支配。
アッバース朝	750 ～ 1258	西北インドからアフリカ北岸を支配した後、ファーティマ朝やアイユーブ朝などと並立。
後ウマイヤ朝	756 ～ 1031	ウマイヤ朝の一族が、アッバース朝に対抗してイベリア半島を支配。
ムラービト朝	1056 ～ 1147	西アフリカのサハラからアルジェリアを支配したベルベル人の王朝。
ティムール朝	1370 ～ 1507	中央アジアからイラン地域までを支配したモンゴル系の王朝。
ムガル帝国	1526 ～ 1858	ティムールの一族のバーブルが創始。インドのほぼ全域を支配。
オスマン帝国	1299 ～ 1922	バルカン半島からアナトリア、中東全域、東地中海地域を支配。

おもなイスラーム国家

ヤルムーク川の畔《ほとり》で戦いが起こり、劣勢ながらもイスラーム国家軍は勝利して、メソポタミア（現在のシリア）を支配下に入れるのに成功した。六四一年には、これもビザンツ帝国の支配下にあったエジプトを攻撃・征服して支配下に入れた。ビザンツ帝国との戦いに勝利すると、次の攻撃の矛先はササン朝ペルシアに向けられ、ここでもイスラーム国家軍は、六四二年にイラン西部のニハーバンドの戦いに勝利し、敗れたササン朝ペルシアは六五一年に滅亡した。この二つの強国との戦いの勝利によりイスラーム国家の支配領域は、アラビア半島からシリア、イラク、イラン、エジプトなどに広がり、現代中東の領域とほぼ同じものとなったのである。

ただ、支配領域の拡大は、それまで宗教指導者の下にまとまっていたイスラーム国家の内紛と変容をもたらした。内紛は、早くも正統カリフ国家時代に発生し、六六一年に第四代カリフのアリーが暗殺され、その前には第三代カリフも不満を持った兵士の手で殺害されるなど、ムハンマドに仕えた親しい信徒の一群が支配者の正統カリフ国家が終焉した。アリーを倒したのはムハンマド一族に属するムアーウィヤであり、ムアーウィヤは第二代カリフ時代に、ビザンツ帝国との軍事境界線に位置する重要な街であるシリア防衛のために、シリア総督に任命された人物である。反旗を翻して権力を握ったムアーウィヤは、シリアのダマスカスを首都にウマイヤ朝（六六一〜七五〇年）を創り、近隣地域の征服を精力的に進めたので、ウマイヤ朝の支配領域はアラビア半島から北アフリカ、スペインへと拡大して帝国と呼べるものになった。

イスラーム国家が変容したというのは、ウマイヤ朝の初代カリフに就任したムアーウィヤが、自分の死後、息子を後継カリフに就任させ、これ以降、一四代続いたカリフはすべてウマイヤ家一族で占められたことである。イスラームは世襲の君主制を禁じているので、これはウマイヤ朝が、他の地域世界の多くの国家と同様に世襲制の王朝国家となったことを意味した。換言すれば、ウマイヤ朝時代にイスラーム国家は、当初の宗教指導者が支配する宗教共同体から、武力に優れた支配者が権力を握り、攻撃と征服によって広大な領土を支配する世襲制の王朝国家（帝国）へと変容したのである。ウマイヤ朝は征服地域でアラビア語を公用語にしたので、中東のイスラーム化とアラブ化が進んだが、しかし、征服された異宗教の人びとがイスラームに帰依しても彼らを差別し、両親が純粋なアラブ人の子孫を優遇して高い地位や特権を与えたので、ウマイヤ朝はアラブ帝国とも呼ばれる。

ウマイヤ朝は約九〇年で終え、七五〇年になると中東は新たなイスラーム国家の支配下に置かれた。イラン東部のホラーサーン地方を拠点にする勢力がウマイヤ朝に反乱を起こし、勝利した反乱軍が、ムハンマドの叔父の血統をひくアブル・アッバースを支配者に推挙したので、アッバース朝（七五〇～一二五八年）が誕生したのである。アッバース朝は実質的にペルシア人が創った国家であり、世襲制の支配者は三〇代、約五〇〇年続き、世界各地に誕生したイスラーム国家の中でも稀な長期国家となった（ただ、後でみるように、実態は違うが）。七六六年にアッバース朝が、それまでキリスト教徒が住んでいた小さな村のバグダードに首都を移すと、イスラーム国家の中心地は生誕地のメディナからダマスカスを経てバグダードへと東に移動した。アッバース朝はイスラーム帝国とも呼ばれたが、その理由は、支配者の一員となる要件が、ウマイヤ朝のように民族ではなく宗教（イスラーム）に置かれたことにあり、たとえ異民族の人びとでもイスラームに帰依した者は平等の扱いをして、有能な者を国家の高官に登用したのである。

アッバース朝が滅亡した後に登場した有力なイスラーム国家が、中東の辺境とも、ヨーロッパとの境界地域ともいえるトルコのアナトリア半島の西北端の地に、オスマン・ベイが創ったオスマン帝国（一二九九～一九二二年）である。誕生当初のオスマン帝国は支配領域が狭い小国にすぎなかったが、急速に力をつけて一四五三年にビザンツ帝国を滅亡させると、コンスタンティノープルをイスタンブールと改称して首都とした。さらには、アナトリア半島、バルカン半島、メソポタミア、アラビア半島、エジプト、北アフリカなど東地中海と南地中海地域にも支配領域を拡大して、中東における最後の統一イスラーム国家となった。オスマン帝国は、一六世紀後半に統治した第一〇代皇帝のスレイマン時代（在位一五二〇～六六年）に最盛期を迎え、次第にヨーロッパ勢力が台頭して中東に迫りくるなかで、ともかくも一八世紀前半までヨーロッパ勢力と対等にわたりあった。

中央アジア——チンギスの末裔、ティムール朝

中央アジアはイラン、トルコ、ロシア南部、インド、中国に囲まれた、ユーラシア大陸中央部の草原や高原からなる地域である。この地域のイスラーム化はアッバース朝が誕生した直後に始まり、中央アジアの西側一帯（西トルキスタン）が同朝に征服されて支配下に入った。アッバース朝が滅亡すると中央アジアのイスラーム化した勢力の間で権力争奪戦が起こったが、これを勝ち抜いたのが、モンゴル人のチンギス・ハーンの末裔であると唱えたティムールであり、かつて中央アジア最大のオアシス都市として栄えたサマルカンドを首都にティムール朝（一三七〇～一五〇七年）を創った。それまで中央アジアはイランやトルコを拠点にするイスラーム勢力の支配下に置かれていたが、これ以降、両者の力関係が逆転して、オスマン帝国が強大になるまで、中央アジアを拠点にするティムール朝がイランなどを支配下に置いたのである。

この時代の中央アジアで注目される出来事は、イスラーム軍と中国軍の戦いが起こったことである。その発端は、中央アジアの非イスラーム勢力の間で争いが発生すると、一方の勢力の応援に参じた中国の唐軍と、もう一方の勢力の応援に参じたアッバース朝軍が、七五一年に中央アジアのタラス河畔で衝突したことにあった。これはアッバース朝が誕生した翌年のことである。中東側の史料によると、戦闘はアッバース朝軍が大勝して、一〇万人の唐軍のうち約五万人を殺害して約二万人を捕虜にし、生き残った兵士は中国に逃げ帰ったというものだが、中国側の史料によると、中国の三万人の将兵の大部分が戦死し、生き残ったのはわずか数千人だったという（歴史学研究会編二〇〇六～、二

巻、一五二頁)。これは七つの地域世界の観点からすると、中東勢力とアジア勢力が衝突した歴史的会戦といえるものだが、勝利したアッバース朝軍が中国軍を追撃しなかったので、中央アジアを越えて東アジアにまでイスラーム勢力の攻撃が及ぶことはなかったのである。

アフリカ――ベルベル人によるムラービト朝

本書は北アフリカを中東に含めるが、ここではアフリカに含めてみる。イスラーム勢力の北アフリカへの攻撃と征服が、アフリカ地域世界を征服する一環として行われたからである。すでにみたように、アラビア半島と地続きのエジプトは早い時期にイスラーム勢力に征服されて支配下に入ったが、その後、エジプトの西のマグリブと呼ばれる、現代のリビア、チュニジア、アルジェリア、モロッコなどの地域に住むベルベル人なども、約七〇年をかけて八世紀初めにウマイヤ朝に征服された。ヌビアと呼ばれるエジプトのナイル川上流と現在のスーダン北部の地域は、それまで現地のキリスト教勢力の支配下にあったが、この地域もアラブ人の攻撃によりイスラーム勢力の支配下に入った。

イスラーム勢力の攻撃は西アフリカにも及び、これは北アフリカのイスラーム化した勢力の手で行われたものである。西アフリカに誕生した最初のイスラーム国家が、土着のベルベル人が一〇五六年に創ったムラービト朝である。同王朝は一〇七六年に岩塩と金の交易で繁栄していたガーナ王国を征服して滅亡させ、その後も、アルジェリアの南のマリ王国やソンガイ王国などを征服して、ニジェール川中流域にかけてイスラーム国家の領域を拡大した。これらのイスラーム国家のうち、サハラ砂漠を横断する交易路を利用して、古代から北アフリカ（エジプトなど）との交易を行っていたソンガイ王国は、征服された後、イスラームを熱心に保護したので、同国の交易都市で現在世界遺産のトンブクトゥは西アフリカにおけるイスラーム文化の中心地となった。

西アフリカの一部、それに東アフリカは、軍事征服以外の方法でイスラーム化が浸透した地域である。西アフリカは、古代から中東商人が同地で産出される塩や金を求めて交易にやってきていたが、ムスリムとなった中東商人との交易を通じて広がったもの、東アフリカも中東のムスリム商人が、ケニア、タンザニア、モザンビークなどの海岸地域に、交易の傍らイスラームを伝えたものである。

このように、アフリカにおけるイスラーム国家の拡大は、北アフリカと西アフリカの一部が軍事征服、西アフリカの一部と東アフリカが平和的伝播、あるいは現地の人びとの自発的受容によるものであり、この対照的な二つのイスラーム化方式は、後でみるアジアも同様である。

ヨーロッパ――後ウマイヤ朝とオスマン帝国

ヨーロッパに対するイスラーム勢力の攻撃と征服は、二つのルートから行われた。一つが、北アフリカ経由でイベリア半島のスペインとフランスに至るルートである。スペイン攻撃の先兵が、アラブ人に征服されてイスラーム化した北アフリカのベルベル人であった。七一一年に、一万二〇〇〇のベルベル軍がジブラルタル海峡を渡ってイベリア半島に侵攻し（その後、アラブ軍も合流した）、三年間の戦いの末にキリスト教国家の西ゴート王国を破りイスラーム国家を樹立するのに成功した。その勢いでイスラーム勢力がピレネー山脈を越えてフランク王国（フランス）に進軍すると、七三二年にパリに近いトゥール・ポワティエでフランク王国軍との戦いが起こったが、イスラーム国家軍は指揮官が戦死して敗退したこともあり、このルートからのイスラーム勢力の浸透はスペインで止まった。

スペイン南部はアンダルシア地方と呼ばれるが、ヨーロッパ地域世界のなかで最もイスラーム化が深化し、現在もそれが色濃く残る地域である。七五〇年に中東でウマイヤ朝がアッバース朝に滅ぼされたことをみたが、ウマイヤ朝一族の残存勢力はイベリア半島に逃れて、混乱状態にあった現地のイスラーム諸勢力を破り、七五六年にコルドバを首都に後ウマイヤ朝（七五六〜一〇三一年）を創った。後ウマイヤ朝は、一時期、北アフリカにも支配領域を拡大するなど約三〇〇年続いた国家で、首都コルドバは五〇万の住民が住む、ヨーロッパにおけるイスラーム芸術文化の中心地となった。後ウマイヤ朝が滅亡すると、イスラーム諸勢力の割拠状態に陥ったが、一二三〇年にグラナダを拠点にスペインにおける最後のイスラーム国家となるナスル朝（一二三〇〜一四九二年）が創られた。同朝の支配領域は狭かったが、現在も残る世界遺産のアルハンブラ宮殿を造営するなど、スペインの地にイスラーム文化の栄華を誇ったことで知られている。

スペイン以外でもイスラーム勢力は、地中海地域で八七八年にシチリア島やサルディーニャ島などを征服して、一時期ながら支配下に入れた。

もう一つが、アナトリア半島（トルコ）を経由してバルカン半島に至るルートである。このルートからは、ウマイヤ朝が六七四年と七一七年の二回に及んで、ヨーロッパ地域世界の東方の拠点であるビザンツ帝国の首都コンスタンティノープルを攻撃したが成功しなかった。しかし、それから七〇〇年以上も後の一四五三年に、オスマン帝国が攻撃に成功して支配下に入れ、ギリシアのペロポネソス半島やボスニアなどのバルカン半島やハンガリーにも支配領域を拡大して、部分的ながら中東、ヨーロッパ、アジアの地域世界を支配下に入れた帝国となった。時代が下った現代の一九九〇年代に、バルカン半島の社会主義国家ユーゴスラビアが崩壊・分裂した後、民族紛争だけでなく、キリスト教徒とムスリムの宗教紛争が起こったが、これはオスマン帝国の支配が終わった後も、バルカン半島の一部の地域にムスリムが残ったことに起因するものである。

オスマン帝国の軍事行動で注目されるのは、ヨーロッパにおけるさらなる支配領域の拡大をめざして、一五二九年と一六八三年の二回に及んで中部ヨーロッパの中心都市で、ハプスブルク帝国の首都ウィーンを攻撃したことである。とりわけ第二回の攻撃は二〇万人の大軍で攻めたが、周辺キリスト教国家の援軍を合わせて約六万五〇〇〇人からなるウィーン防衛軍が何とか持ちこたえたので、失敗に終わった。歴史的にみると、オスマン帝国のウィーン攻撃は、スペインのイスラーム勢力のフランス攻撃と対をなすものであり、成功しなかったが、イスラーム勢力は約七〇〇年に及んで南西と南東の方角からヨーロッパ地域世界の中心部に迫り、支配下に入れようとしたのである。

アジア――ムガル帝国と、東南アジアのイスラーム化

イスラーム勢力の攻撃と征服の眼は西だけでなく、中東の東に位置して世界で最も人口が多く経済資源が豊かなアジアにも向けられた。攻撃は地理的に隣接するインドから始まり、七一二年にウマイヤ朝が西インドのインダス川下流域のシンド地方を征服したのが第一歩である。これはアラビア海を利用した海ルートからの攻撃だが、本格的な攻撃は陸ルートから行われた。

中央アジアを拠点にするトルコ系人などのイスラーム化した勢力が、一〇世紀末に中央アジアとイ

ンドを結ぶ唯一の陸ルートのアフガニスタンとパキスタン国境のカイバル峠（最高地点は標高一〇二七メートル）を経由して、インドの歴史文化と政治の中心地の北インドを攻撃した。当初、ヒンドゥー教国家勢力は激しく抵抗したが、一一九二年の戦いでついに敗れて支配下に入った。インドで誕生した最初の本格的なイスラーム国家が、トルコ系人で宮廷奴隷出身のアイバクが一二〇六年にデリーを首都に創った奴隷王朝であり、その後も、インド各地のイスラーム勢力の間で権力争奪戦が繰り返されて、短命のイスラーム国家が続いた。このようななかで、長期安定国家となったのが、中央アジアのティムール帝国一族に属するバーブルが、一五二六年にデリーを首都に創ったムガル帝国（一五二六～一八五八年）であり、同国の支配は名目的ながら一九世紀中頃まで続いたのである。

イスラーム勢力の浸透は東南アジアにも及んだが、ここではインドと違い平和的手段で行われたものである。東南アジアのイスラーム化の一般的パターンは、古代から中東商人が東南アジア島嶼部との交易に従事していたところへ、アラビア半島やペルシアなどのムスリム商人が、一四世紀頃に東南アジア各地の交易都市を訪れると、現地の王族や貴族の間でイスラームに改宗する者が現れ、それが一般住民にも広がったというものである。インドネシア（ジャワ島のマタラム王国やバンテン王国、スマトラ島のアチェ王国など）、マレーシア（マラッカ王国）、ブルネイ、フィリピン南部、それにタイ南部などがそうであり、これらの国や地域は、東南アジアの他の地域や国が仏教国やキリスト教国であるなかで、現在もイスラーム政治文化圏に属している。

イスラーム勢力の浸透はユーラシア大陸東端の中国にも及び、ここでも武力攻撃ではなく平和的手段によるものだった。イスラーム勢力の中国への浸透は、唐（六一八～九〇七年）時代末期に、中東のムスリム商人が広州や楊州など中国沿海部の交易都市に移住して、イスラーム・モスクを建てたことで始まり、本格化したのは、モンゴル人が創った元《げん》（一二七一～一三六八年）時代である。モンゴル人の中国征服・支配は、少数民族による多数民族支配の典型といえるものだが、中国を統治するために、中国西部に住む色目人《しきもくじん》と呼ばれたムスリムを主要経済閣僚に登用すると、これ以降、中国人の間でムスリムに改宗する者が増えたのである。ただ、中国は国家の体制思想としての儒教や、社会の民衆宗教としての仏教や道教が根付いていたので、イスラーム化は西部や南部などの周辺地域の一部の人びとに留まった。

3 「中間の文明」の絶頂期

いま簡単にみたように、アラビア半島に誕生したイスラーム国家は、短期間で中東全域に広がると、ユーラシア大陸南部の広大な地域を席巻して中東勢力は世界の支配者となったが、これは、エジプトの国家もローマ帝国も中国とインドの国家もしたことがないことである。ベルギー人の中世ヨーロッパ史研究者のアンリ・ピレンヌにいわせると、次のようになる。

ヨーロッパとアジアの両方に対して同時に始まったアラビア人の征服は先例をみない激しいものであった。その勝利の速かなこと、これに比肩し得るものとしては、アッティラが、また時代が降ってはジンギスカン、ティムールが、蒙古人帝国を建設した際の勝利の速かさがあげられるのみである。しかし、この三つの帝国が全く一時的な存在であったのに対して、イスラムの征服は永続的なものであった。この宗教は今日なお初期のカリフ達が布教した国々の殆んどすべてに信者をもっている。この宗教の伝播の電光石火のような速かさは、キリスト教の緩慢な前進に比較するとき、全く奇蹟とも言うべきであろう（ピレンヌ一九六〇、二〇六頁）。

日本の中東研究先駆者の前嶋信次によると、中東地域世界のなかでもエジプト、シリア、イランが高度な文明が発達した地域であるのに対し、アラビア半島はこれといった文明への寄与がない閉ざされた地域にすぎなかった。それが七世紀の三〇年代になると、イスラームを誦《とな》える数十万のアラブ人が湧き出したごとくに出て、わずか一〇年ほどの間にティグリス川からナイル川にいたるオリエント一帯を征服し、その後、イスラーム国家はさらに東へ、北へ、西へと広がって世界史における最初の優位勢力となったのである。このような歴史的偉業を成し遂げた「イスラム教もアラビア語も、ひとり古代文明世界の中に孤立し、熱砂と烈日の中に長夜の眠りを続けていたごとく見受けられたアラビア半島の中ではぐくまれ、育ったもの」（前嶋二〇〇〇、三六四～三六五頁）だったのである。

なぜ、中東地域世界の周辺地域に誕生したイスラーム国家が、文明が進んだ中東の中心地域やユーラシア大陸各地を征服・支配できたのだろうか。言い換えると、イスラーム勢力が次々と近隣諸国を攻撃・征服した動機、その成功要因は何だろうか。その理由について、これまで多くの中東史研究者が様々な要因を挙げているが、第三章でみるヨーロッパ勢力との関連で、中東が位置する地理要因、イスラームを世界に広める宗教使命感要因、それに富の獲得という経済要因の三つを挙げておきたい。

優位勢力となれた三つの要因

まず、地理要因である。強大国の軍事戦略を主な研究対象にする地政学は地理要素を重視するが、その理由は、「地理学の助けをえてはじめて、私どもは偉大な自然界の力の作用や人口分布、商業の進展、境界線の拡大、国家の発展といったことどもを、つまり人間のエネルギーが達成したすばらしい業績を、そのさまざまの発現形態において理解することができる」(サイード一九九三、下、四一頁)ことにある。地政学によると、戦争の勝利は、いかに地理要素をうまく使いこなすかにかかっており、この点で、中東がヨーロッパとアジアの地域世界に挟まれた場所に位置している地理が、二つの地域世界の攻撃と征服にさいして有利に作用したと考えられる。これをもう少し説明すると次のようになる。

この時代の世界は、ヨーロッパ、中東、アジアのユーラシア大陸の地域世界からなっていたが、古代から中東の人びとは、中東を「ミドル・ワールド」と呼んでいた。これは彼らが、中東は地理的にヨーロッパとアジアの中間に位置することを認識していたことを意味する(アンサーリー二〇一一、三六頁)。実際に、中東は北アフリカ、バルカン半島、中央アジア、インドや中国など、ヨーロッパとアジアの地域世界と陸路で繋がっており、古代から中東を軸にした陸路と海路の交易ネットワークが形成されていた。中東勢力の世界征服に地理要因が作用したという意味は、中東勢力はこの交易路を軍事路として利用して他の地域世界を攻撃・征服し、イスラーム国家の領域を拡大したということである。これは歴史で禁止されている「もし」になるが、もしローマ帝国（ヨーロッパ）がアジアと中東の真ん中に位置していたならば、両隣の二つの地域世界を征服して世界史で最初の優位勢力になっていたに違いないと思われる。だが、ローマ帝国はこの地理要素に恵まれていなかったのである。

次いで、宗教使命感要因である。これは、世界にイスラームを広めることがムスリムの使命であるという教えが、中東勢力の征服軍を支えた重要な要素として作用したという意味である。世界各地を攻撃・征服するさいは、当然のことながら激しい抵抗が予想されるので敵勢力を上回る軍事力を必要とするが、中東勢力の軍隊と他の地域世界の軍隊との相違点は、中東勢力が戦闘力に優れていたというだけでなく、それが宗教使命感で補強されていたことにあったと考えられる。

宗教的情熱に支えられた軍隊がどのようなものか、次のエピソードがその一端を語っている。六三二年に正統カリフ国家の初代カリフに就任したアブー・バクルは、アラブ人に対し征服軍への参加を促すために次のような呼びかけを行った。

アブー・バクルは……シリアへ遠征隊を派遣するのが得策と考えた。そこで彼はメッカ、ターイフ、ヤマン（イエメン）およびナジドとヒジャーズの総てのアラブに手紙を送って聖戦（ジハード）を呼びかけ、これを鼓吹し、またローマ（ギリシア＝ビザンツを指す）の莫大な戦利品の獲得を促した。すると多くの人々が天国の報酬への期待と貪欲（戦利品の獲得）から、彼のもとに急ぎ馳せ参じた。そしてアラビアの総ての地方から人々がメディナに到達した（のである）（歴史学研究会編二〇〇六～、二巻、一三五頁）。

このエピソードは、アラブ人が征服戦争に参加したのは、戦利品という物質的報酬に加えて（初期の頃は、参加者はイスラームの入信歴に応じて俸給が分配された）、宗教的報酬（天国の報酬）にあったことを語っているが、なぜ征服戦争に参加することが宗教的報酬となるのだろうか。その理由は、イスラームの教えでは、世界は「ダール・アル・イスラーム」（平和の領域）と「ダール・アル・ハルブ」（戦争の領域）の相容れない二つの領域からなり、ダール・アル・イスラームを拡大するための行為は、たとえそれが武力や流血沙汰を伴うものであっても、平和の大義にかなうものとみなされたことにある（アンサーリー二〇一一、一〇七～一〇八頁）。すなわち、多くのムスリムが歴史を神の絶対的意思を自己顕現する過程とみなし、神が人類に授けた規範であるシャリーア（正義）の支配する場を地上に現出させ、シャリーアが支配するイスラーム世界を拡大することがムスリムの使命であると受け止めたのである（嶋田他監修一九八二、一四頁）。これは、第三章でみるように、中東勢力の次に優位勢力となって世界を支配したヨーロッパ勢力が、キリスト教を広めることを目的の一つに世界各地を征服・支配したこと、それに第四章でみる、アメリカが自由を世界に広めるために介入・支配していることとまったく同じ論理なのである。

注目されるのは、この論理が、宗教国家の色彩が濃かった勃興期のムハンマド時代や正統カリフ国家時代だけでなく、その後のウマイヤ朝などの世俗化（すなわち王朝国家化）したイスラーム国家にも継承されたことである。これは一四世紀中頃の東南アジアのスマトラ島のイスラーム国家の例だが、同地を旅行した、中東の旅行家イブン・バトゥータは次のような見聞を書き残している。「彼の国の住民はシャーフィイー派法学に従い、スルタンに付き従って無報酬で自らの意思で戦いに出るほど聖戦を好む人たちである。然るに、彼らこそは隣接する異教の人々に対する征服者であり、一方の異教徒たちは和約の条件として、人頭税を彼らに差し出している」（歴史学研究会編二〇〇六〜、四巻、三八一頁）、と。彼らも勝利後に、人頭税などの経済利益が得られることへの期待があったとはいえ、無報酬で征服戦争に参加したのである。

これまで、征服戦争に参加するのは、お金で雇われた外国人傭兵（ギリシアやローマの軍隊には市民もいたが）、それに戦利品や褒賞目当ての機会主義者が大半を占めていたが、中東勢力の場合、宗教的情熱に動かされた人びとも参加したことが、軍隊の強さが増大した要因の一つだったと考えられる。兵士のモチベーションの点で、中東勢力軍は他の地域世界の軍隊と違っていたのである。

とはいえ、これは初期の話であり、時間の経過につれて宗教的情熱が薄れ、純粋に軍事的観点から軍隊が強化されている。二つの例を挙げよう。一つが、中東勢力の最盛期のアッバース朝時代で、同軍が強大さを誇った秘訣は、中央アジアの草原で遊牧生活を営んでいたトルコ人などを奴隷兵士として訓練し、マムルーク軍団と呼ばれた親衛隊に編成したことにあった（マムルークは一三世紀にエジプトで、自分たちのマムルーク朝すら創っている）。もう一つが、中東勢力の最後の輝きを放ったオスマン帝国時代で、同国軍の強さの秘訣は、それまで軍隊の主力だった遊牧騎馬兵に代えて、征服したバルカン半島のキリスト教徒の一〇代の少年を改宗させて軍事訓練を施し、イェニチェリと呼ばれた皇帝直属の常設歩兵軍団としたことにあった（これはデヴシルメ制度と呼ばれた）。

経済要因は次のようなものである。イスラーム国家が最初に誕生したアラビア半島のヒジャーズ地域は、大半の土地を砂漠の乾燥地帯が占めて農業に適さないため、住民は商業など交易活動で生計を立てていたが、交易活動で獲得できる富には一部の裕福な商人を除くと限界がある。これに対して、肥沃な三日月地帯のメソポタミアやエジプトは古代から農業が発達した豊かな地域なので、イスラーム国家が豊かになるには、これらの地域を征服することが不可欠と考えられたのである。すでにみたように、攻撃は正統カリフ国家時代に、当時の中東における有力国家のビザンツ帝国とササン朝ペルシアから始まったが、第三代カリフのウスマーンが死亡した時には、ローマ帝国（ビザンツ帝国）の金貨一〇万ディナール、ササン朝ペルシアの銀貨一〇〇万ディルハムの現金、それに時価一〇万ディナール相当の邸宅や農園などの私有地、数多くの馬とラクダが、ウスマーンの個人資産として残されたのである（ルイス二〇〇一、九四～九五頁）。

イスラーム国家は中東からヨーロッパやアジアへと広がったが、これらの地域は農業や交易が発達して経済力が高い地域であり、イスラーム国家の支配領域の拡大は、征服地からの戦利品や、これからみる税収など巨額の経済資源をもたらすことになり、これもまたイスラーム国家が拡大した要因の一つだったのである。

支配地域での宗教政策——中東勢力が世界に広めたもの

近代になるとヨーロッパでは、宗教と国家（政治）は別の領域に属すると考える政教分離（世俗主義）が支配的になるが、イスラーム国家の特徴の一つは、イスラームと国家の一体化にある。これをよく語るのが次の比喩である。「イスラーム（あるいは宗教）と政府は双子の兄弟だ。どちらが欠けても繁栄しない。イスラームは基礎であり、政府はその守護者だ。基礎がなければ崩壊する。守護者がいなければ滅びる」（ルイス二〇〇一、二一五頁）。このように、イスラームと国家は不可分の関係にあるので、中東勢力に征服・支配されることはイスラームによる統治を意味した。しかし、ムスリムにとりイスラームを世界に広めることが義務であるとはいえ、世界各地には様々な民族が住み古代から、ゾロアスター教、キリスト教、ユダヤ教、ヒンドゥー教など独自の宗教が信仰されており、彼ら異教徒の眼からすると、中東勢力に征服されることはイスラームの一方的押し付けでしかない。軍事力に劣ることから、戦いに敗れた後は政治支配を受け入れざるを得ないにしても、強制的改宗に対しては命がけの抵抗や反抗が起こることが予想されるのは、いうまでもないことである。

しかし、中東が世界の支配者時代に広まったイスラーム国家は、中東勢力が衰退した後も、そして現在も、ヨーロッパを除くと（ただし、バルカン半島の一部には残ったが）、アフリカでもアジアでも続いているので、これは征服・支配された世界各地の人びとが、イスラームを強制されたのではなく（なかには強制もあったが）、自ら受け入れて護り続けていることを語っている。これを、どう理解したらよいのだろうか。本書の目的の一つは、優位勢力が支配者として世界をどのように変えたのかみることにあるが、中東勢力の場合、イスラームの世界への広がりがその最たるものに挙げられる。以下では、中東勢力の征服・支配地での宗教政策をみることにする。

結論を先にいえば、中東勢力の宗教政策は、強制的改宗ではなく、あいまいな言い方だが、柔軟とも妥協的ともいえるものだった。というのは、イスラーム国家の支配領域がメソポタミアなどに限られていた正統カリフ国家時代から、征服地の住民のイスラームへの改宗にさほど興味を示すことなく、征服地の都市住民や農民に対して生命の安全を保障するかわりに貢納（税金など）を徴収することで満足するものだったし、その後のイスラーム国家でも、これが基本的な統治原理とされたからである。ヨーロッパ中世史研究者のピレンヌが指摘するように、「かれらの目ざしていたのは、これまで言われてきたように異教徒を改宗させることではなくて、異教徒を服従させることであった。かれらがどこを征服しても要求したのはこの服従であった」（ピレンヌ一九六〇、二〇八頁）のである。

ウマイヤ朝が、アラブ人を優遇したのでアラブ帝国と呼ばれたことをみた。アラブ帝国の住民序列は、①アラブ人、②混血のアラブ人、③イスラームに改宗した非アラブ人、④非イスラーム教徒の人びと、というものからなっていたが（ルイス二〇〇一、一〇四頁）、このうち人口の多数を④が占めていた。これは、イスラームを広めることを掲げて征服したとはいえ、異教徒の改宗はさほど重視されなかったことを語る一つのよい例なのである。

形式的には、征服地域の非イスラーム教徒に対して、①イスラームに改宗する、②税金を払って従来の信仰を維持する、③これらを拒否してあくまでも戦う（①と②を拒否した者は処刑）、の三つから選択させたが、実際には、イスラーム国家の支配権を認めた者に税金を要求し、その代償として、生命と安全の保障、外敵からの保護、信仰の自由を与える、②の方式が重視されたのである（ルイス二〇〇一、二九九頁）。換言すれば、「非保護民」（ズィンミー）と呼ばれた非イスラーム教徒は、征服された後も税金（人頭税や土地税）を払えば、それまでの宗教と生活習慣を維持して自治生活を営むことを許されたのである（『岩波講座　世界歴史』一九九七〜、五巻、鈴木董、二八七頁）。

一七世紀後半に、イランの首都イスファハーンを訪問したフランス宝石商の見聞によると、「この大都市には、キリスト教徒、ユダヤ教徒、イスラーム教徒、異教徒（インドの宗教を信じる人のこと）、拝火教徒といったあらゆる宗教を信仰する住民がいる。またここには、世界中から来た貿易商が集まっている」（歴史学研究会編二〇〇六〜、二巻、二七六頁）、という状態だったが、この観察も、支配地域でイスラームを広めることよりも経済利益を優先したことを語っている。

しかし、アッバース朝が成立した七五〇年のイラン全人口のうち、ムスリムはわずか八％にすぎなかったが、九世紀初めになると全人口の四〇％、一〇世紀には七〇〜八〇％に増えている。スペインでも、征服当初の八世紀半ばは、住民に占めるムスリムの比率は一〇％ほどだったが、一〇世紀に四〇％、一一世紀後半には八〇％にも達している（佐藤一九九七、一五九、二二五頁）。時間の経過とともに、支配地の異教徒の間でイスラームへの改宗者が増えたわけだが、いまみたように、支配者は改宗を強制しなかった（あるいは、熱心ではなかった）ので、どのようにしてムスリムが増えたのだろうか、という疑問が湧いてくる。言い換えると、征服された人びとはどのようにしてイスラームを自ら受け入れたのだろうか。

異教徒のイスラーム化方式は一様ではないと思われるが、一般的パターンは次のようなものだったといわれている。①ムスリム商人を通じた現地住民の感化、②ムスリム教団の布教活動、③ムスリムと現地女性との婚姻を通じた本人や家族や一族の改宗、④メッカに巡礼したムスリムによる熱心な布教活動、⑤イスラームの教えに基づいて解放された奴隷が、解放後、熱心に仲間の改宗を促した、というのがそうである（嶋田他監修一九八二、一三四頁）。これ以外にも、征服・支配者の宗教にあわせて改宗する「保身要因」や「処世術要因」による改宗者、それに、この後でみるように、この時代の世界交易をムスリム商人が支配したので、この交易網に参加するにはムスリムになったほうが有利だと考えた「功利的要因」による改宗者もいたと思われるが、その比率を知ることは不可能である。この五つの方式のうち、①はすでにみたように、東アフリカや東南アジアや中国におけるイスラーム化方式であり、このことは世界各地の人びとが、強制ではなく自発的にイスラームを受容したものであることを語っている。

すると次には、なぜ、世界各地の人びとは自発的にイスラームを受け入れたのか問われなければならない。これには様々な個人的社会的要因があると思われるが、ここでは共通要因の一つとして、イスラームが神の前では信徒が皮膚の色や生まれや身分に関係なく、兄弟であり平等であると説いたことを挙げておきたい。とはいえ、神の前ではあらゆる人間が平等であると説いたのは、イスラームだけではないので（例えば、仏教）、要因にはならないように思うかもしれないが、これは当時の社会文脈のなかでみる必要がある。インドの例で説明してみよう。インドは古代も現代もカースト制度による身分差別が極めて強い社会であり、カースト制度はインドの代名詞ともなっている。しかし、イスラーム勢力のインドの征服・支配とともにイスラームが伝来すると、カースト制度の下位身分の人びと、とりわけアウト・カーストと呼ばれる、カースト制度の四つの身分制度に属することなく、それまで非人間的扱いを受けてきた人びとの間で、イスラームへの集団的改宗が起こったといわれている（荒一九七七、一三一頁）。これは、厳格な固定的身分制のヒンドゥー教が支配するインド社会では、それを桎梏《しっこく》と感じていた人びとの間で、イスラームはそれから解放してくれるものと受け止められたことを語っているが、これはインドだけでなく、他の国にもいえることである。

世界各地にイスラームが広まったのは、通俗的にいわれ理解されているように「剣か、コーランか」という専ら征服による強制の結果ではなかったわけだが、次のエピソードも現地の人びとの自発的受容を語る例の一つである。一六世紀にキリスト教徒のポルトガル商人が交易のためにインドネシアのモルッカ諸島を訪れたさい、現地の国王は、「もしわれわれの信仰が良いと思えたら、自分の教えを離れてキリスト教徒になりたいのでキリスト教の司祭には喜んで会う」（ピレス一九六六、三六〇頁）、と語っている。これは、キリスト教をイスラームに置き換えても、現地の国王は同じ発言をしたに違いないと思われ、文明の中心地から離れた、求心力がある宗教をもたない、どの地域社会の支配者にも通用する態度とみてよいであろう。ユーラシア大陸の文明の周辺地域や辺境地域に住む人びとは、ヨーロッパ勢力が世界の支配者となってキリスト教を広めるよりも先にイスラームに遭遇したので、多くの地域で自発的なイスラーム化が起こったのである。

中東勢力の絶頂期

一五世紀末にスペインからイスラーム国家が放逐されて、優位勢力としての中東勢力の衰退が始まったとはいえ、一六世紀初頭にもユーラシア大陸の主要地域では依然としてイスラーム国家が権勢を保持していて、中東勢力の支配者の地位に揺るぎはなかった。トルコ、メソポタミア、バルカン半島を支配するオスマン帝国、イランやアフガニスタンなどを支配するサファビー朝、そして、インドではムガル帝国の三大イスラーム国家が君臨し、北アフリカや西アフリカ、さらには東南アジアでもイスラーム国家が権勢を誇り、ユーラシア大陸の西端（ヨーロッパ）と東端（東アジア）を除いてイスラーム国家が支配していたのである。七世紀中頃から一六世紀にかけての時期は、まさに中東勢力が世界の支配者の時代であり、中東勢力が世界に君臨する様子を多くの研究者が描写しているが、次の三人の観察を挙げておきたい。

最初が、二〇世紀初頭のイギリスの空想科学小説家で、歴史家でもあるH・G・ウェルズの、「九世紀のヨーロッパがなおも戦争や略奪のさかまく混乱のただなかにある間に、エジプトやメソポタミアでは、ヨーロッパではとうてい見られないほど文明化した一大アラビア帝国が繁栄していた」（ウェルズ二〇一二、二七三頁）、というものである。二人目が、現代アメリカの中東研究者バーナード・ルイスの、「イスラム勢力が頂点にあった時代、その成功の水準、質、多様性の点で比肩しうる文明は一つしかなかった。中国文明である。しかし中国文明は東アジアという一地域・一人種の集団に限られた、本質的にローカルなものでありつづけた。ある程度、輸出されはしたが、近隣の同族の人々に対してのみだった。対照的に、イスラムは多人種・他民族《ママ》・国際的あるいは間大陸的とさえいえる世界文明を創造したのであった」（ルイス二〇〇三、六頁）、というものである。そして、三人目が、アフガン系アメリカ人で作家のタミム・アンサーリーが著書のなかで引用している、「一六世紀には、火星からの訪問者が地上の人類は一人残らずムスリムになりつつあると思ったとしても、それはもっともなことだったろう」（アンサーリー二〇一一、三七一頁）、というものである。

三人そろって世界の支配者としての中東勢力の栄華を称賛しているが、とりわけ最後のアンサーリーが紹介する、人類がすべてムスリムになりつつあるという表現は、いささかオーバーに思えるかもしれない。しかし、決してそうとは言い切れない面があったのである。

この時代のイスラーム世界、すなわち世界を代表する人物の一人に、一四世紀に『大旅行記』を書いた旅行家のイブン・バトゥータ（一三〇四〜六八／六九）がいる。北アフリカのモロッコのタンジールに生まれたイブン・バトゥータは、二一歳の時に故郷を離れ、約三〇年におよんで、北アフリカ、中東、南ヨーロッパ、インド（デリー、スリランカ、ベンガル）、東南アジア（スマトラ）、中国、東アフリカ、西アフリカ、と当時における「世界旅行」をしたことで有名である（ただ、研究者の間では、インドのベンガル地方、東南アジア、中国の旅行は、実際に訪れたのではなく、他の人から聞いた話を書いたものというのが定説だが）。イブン・バトゥータの世界旅行は、灼熱の砂漠、雪が舞う極寒の原野、熱帯地方、大しけの大洋の船旅など、変化に富んだ過酷な土地を踏破する苦難の連続であった。しかし、世界各地で敵対する異教徒との間で対立が絶えず、また、治安も悪かった時代に、イブン・バトゥータが命を落とすことなく、ともかくも世界旅行が可能になったのは、訪問先のすべての土地にムスリムがおり、彼らが同じ仲間のイブン・バトゥータの身の安全を保障したことにあったのである（イブン・バットゥータ一九九六〜二〇〇二）。ユーラシア大陸に広がる「ムスリム・ネットワーク」がイブン・バトゥータの世界旅行を可能にしたのである。

中東勢力の都市文化と豊かな生活

優位勢力とは、軍事的だけでなく、政治的、経済的、文化的にも優位に立ち世界を支配する勢力のことであり、中東勢力が文化でも世界をリードしていたことを示す一つが、世界各地で、土着文化とイスラーム文化が融合して、「イラン・イスラーム文明」、「トルコ・イスラーム文明」、「インド・イスラーム文明」、「イスラーム・ジャワ文化」などが誕生していることである。東アフリカで、土着人のバントゥー語とアラビア語が出会ってスワヒリ語が誕生したことも、このリストに加えられる。

イスラーム文明は都市の文明であるといわれるように、中東各地で多くの壮麗なイスラーム都市が誕生したが、中東勢力の支配下に置かれたヨーロッパやアジアでも、イスラーム様式の建造物が造られて現在も残っている。ヨーロッパにおける代表的イスラーム建造物の一つが、すでに述べた、スペイン南部のグラナダの丘に建つ、何やら哀愁を帯びたアルハンブラ宮殿だし、アジアにおける代表的イスラーム建造物の一つが、インドのアグラに建つ、ムガル帝国の第五代皇帝の王妃の墓廟として建造された、白亜の優美さを誇るタジ・マハールである。

中東各地のイスラーム都市のなかで、とりわけ栄華を誇ったのがアッバース朝首都のバグダード（ペルシア語で「神の賜物」の意味）である。当時のバグダードは「世界で最も繁栄した町」（アブー＝ルゴド二〇一四、上、二三七頁）、と讃えられ、街の中心部は敵の攻撃から護るために、直径二・三五キロの円形の三重の城壁に囲まれ、中国の長安、メッカ、インド洋と東南アジア、それにコンスタンティノープルと、世界の主要交易地に向かう四つの門だけが内部と繋がる円城都市として造成されたものである。一説によると、最盛期の人口は一五〇万～二〇〇万に達し、モスクが三〇万、ムスリムが礼拝する前に体を清めるために沐浴する浴場が六万軒あったというが（小杉二〇〇六、二四四～二四五頁）、この数字は、イスラーム都市の繁栄ぶりを十分に伝えてくれる。

豊かなのは都市だけでなく農村もそうであった。一一八三〜八五年の約二年三ヵ月の間、メッカ巡礼のために、スペインのグラナダを出発してカイロ—メッカ—バグダード—ダマスカスと、イスラーム世界の主要都市を旅した、スペインのイスラーム国家役人のイブン・ジュバイルはバグダード近郊でみた農村の様子を、文才豊かに書き残している。

ヒッラからバグダードまでの道は実に良く、眺めも素晴らしい。平原や耕作地が広がり、その左右に村が続いている。……この村はこの世で最も美しく、眺めが良く、またその面積と領域も最大である。そして庭、芳香植物、ナツメヤシ園の多い点でもまた一番である。この村の市場に比べれば都会の市場も見劣りしてしまう。この村の（地理的）好条件に関しては、東にチグリス河が、西にはユーフラテス河が流れ、この村はあたかもその両河に挟まれた花嫁のようだという一事をもってしても、祝福された両河の間に平野や村や耕作地が広がっている（イブン・ジュバイル二〇〇九、二九〇、二九二頁）。

ただ、見逃してならないのは、これはすべてのイスラーム都市に該当するものではないにしても、イスラーム都市の壮大な建造物の建設に動員されたのが、異教徒の捕虜だったことである。イブン・ジュバイルはメッカ巡礼のさいに立ち寄ったカイロでの見聞として、「惨めな苦役や難事にあたっている人夫たちは、ルーム（ビザンツ）から連れて来られた異教徒（キリスト教徒）の捕虜たち」（イブン・ジュバイル二〇〇九、四九頁）だったと証言している。中東勢力の豊かさと栄華は、他の地域世界の征服にともなう経済収奪、それに他の地域世界の人びとの汗と血の上に咲いたものだったわけで、これが世界史における征服・支配された側の定めなのである（これは、第三章でみるヨーロッパ勢力が支配者の時代も同じである）。

中東勢力の世界の民族を見る眼

七つの地域世界の人びとは、当初は対等であったという本書の視点からして、見逃せないもう一つの点は、中東勢力が軍事、政治、経済、それに文化とあらゆる分野で世界の頂点に立つと、他の地域世界に対する中東の民族的優越性を自慢する言説が生まれたことである。いくつか例を挙げよう。

一部のアラブ人が、後に優位勢力となって自分たちを支配することになる西ヨーロッパの地域世界を、「北方の寒冷地」ととらえ、その文明を後進的なものと見下したこと（ロバーツ二〇〇二〜、四巻、五八頁）、「上流階級の平均的なムスリムが、ほとんどの西ヨーロッパ人に対して優越感を感じていた」こと（アブー＝ルゴド二〇一四、上、一三三頁）、そして、キリスト教の聖地エルサレムの奪回を目指して中東勢力を攻撃した十字軍のヨーロッパ人を、「フランク（当時、アラブ人の間ではヨーロッパ人はこのように呼ばれていた）に通じている者ならだれでも、彼らをけだものとみなす。勇気と戦う熱意にはすぐれているが、それ以外には何もない。動物が力と攻撃性ですぐれているのと同様である」（マアルーフ二〇〇一、八八頁、括弧内は引用者）、と見下したことなどがそうである。

中東の人びとが世界のどの人びとよりも優れていることを誰よりも論理的に、かつ雄弁に語ったのが、イスラーム世界の最高の知識人といわれるイブン・ハルドゥーンである。イブン・ハルドゥーンは中東勢力が世界を支配する一三三二年に、北アフリカのチュニスに生まれ、北アフリカ、スペイン、エジプトのイスラーム国家に仕えた経歴を持つ、巨大な思想家・歴史家である。彼は一三七五年に書いた代表的著作『歴史序説』で、世界各地（ユーラシア大陸と北アフリカ）は、気候や温度によって寒冷地帯から熱帯地帯まで七つの地帯に区分できるとしたうえで、次のように述べている。

温和さから離れている第一・第二と第六・第七の気候帯のような住民は、あらゆる面にわたって温和さに欠けている。……彼らの性格といえば、ものいわぬ野獣に近い。第一気候帯にいる黒人種の大半は、洞穴や密林に住み、草を食い、野蛮のままで、社会的な集団生活をせず、互いに〔殺して〕食べ合うと報告されている。これと同じことは、スラブ族にもいえる。……北方や南方の寒暑の厳しい地域に住む住民は、まったく宗教を知らない。宗教に関する学識も、彼らには欠けている。彼らのすべての状態が人間らしさから離れ、野獣に近いものになっている。……中間地帯の住民は、体格や性格においても生活方法においても、中庸である。彼らには、文明生活に必要な形態、すなわち生計・住居・技術・学問・政治的指導性・王権など、すべてがそろっている。また彼らには、預言・宗団・王朝・宗教法・学問・国土・都市・建物・園芸・優秀な技術、その他すべてが適度なものとなっている（森本二〇一一、二三一～二三四頁）。

イブン・ハルドゥーンは文明世界の一員として、中東の人びとに加えて、ローマ人とギリシア人、それにインド人と中国人を挙げている。世界を支配する自分たちの民族や地域世界が一番優れているという意識は、世界史のどの時代のどの地域世界でもみられる現象だが、イスラーム世界の最高の知識人といわれる人物も例外ではなかったのである。第三章でみるように、ヨーロッパ勢力が世界の支配者となった時代には、これがより顕著になり、ヨーロッパ人の自民族優越意識や人種差別が世界全域に拡げられていくことになる。

中東勢力の世界交易ネットワーク

中東勢力が世界を支配した時代に世界の一体化が促進されたなかで、それが最も顕著に現れたのが交易ネットワークの形成である。第一章でみたように、すでに古代からユーラシア大陸の三つの地域世界の間で交易が行われており、中東はアジアとヨーロッパの中間に位置する地理を生かして、アジアとヨーロッパ（地中海地域）を結ぶ交易交差点の役割を果たしてきた。そして、中東が世界を支配すると、とりわけアッバース朝とオスマン帝国の時代に、中東を軸に海路と陸路が結合した交易ネットワークが一段と整備されて、世界交易が促進されたのである。

中東勢力の世界交易ネットワークが、具体的にどのようなものか教えてくれる一人が、ポルトガル人のトメ・ピレスである。ピレスは、第三章でみるように、ポルトガルがマレーシアのマラッカを占領した一五一一年にインド経由でマラッカに赴任し、その後、中国大使となった人物である。ピレスはアジアに滞在した四年ほどの間に、中東、インド、東南アジア、中国各地の交易港を見聞する機会を得て、マラッカ滞在中に『東方諸国記』というアジア事情の本を書き残している。そこでは、エジプトのカイロに始まり、アラビア半島のジェッダ、アデン、ペルシア湾のホルムズ、インドのアラビア海岸、ベンガル湾岸、東南アジア各地を経て中国沿岸都市に至る交易網が形成されて、世界各地の様々な貴重品や珍重品や日常品が交易される様子が詳細に描かれているが、世界各地の商人が参加したなかで、その中心にいたのが中東のムスリム商人だったとしている（ピレス一九六六）。

中東勢力が創りあげた世界交易ネットワークを現代の研究者も明らかにしており、とりわけ次の二人のそれが体系的である。一人が、インド洋と地中海を中心にした交易網を詳細、かつ実証的に跡付けた家島《やじま》彦一である。家島は中東勢力が世界の支配者となった時代に、海では、東シナ海、南シナ海、ベンガル湾、アラビア海・インド洋西、紅海北、東地中海、西地中海の七つの海域交易圏が形成され、陸でも、中国・東アジア、東南アジア、インド、東アフリカ・バントゥー、スーダーン王国、西ヨーロッパ、ビザンツ・スラブ、北方ユーラシアのステップ・森林地帯の八つの地域交易圏が形成され、このユーラシア大陸とアフリカ大陸に広がる、海と陸の広域交易圏の中心にいたのが中東勢力（ムスリム商人）だったとしている（家島二〇〇六、二二五〜三〇頁）。

もう一人が、アメリカの社会学者・歴史家のジャネット・アブー＝ルゴドである。アブー＝ルゴドは、一六世紀にヨーロッパ勢力の手で近代世界システムが形成される前に、すでに一三世紀に交易分野では世界システムが成立していたと唱えた研究者である。それによると、ヨーロッパではフランスのシャンパーニュ、ベルギーのブリュージュ、イタリアのジェノバとベネチア、中東では中央アジアのモンゴル、アッバース朝時代のバグダードとペルシア湾のホルムズ、エジプトのカイロとアレクサンドリア、アラビア半島南端のアデン、アジアでは南インド、東南アジアのマラッカ海峡、中国の地域交易圏が成立して、それぞれが活発に活動していた。ただ、これらの広大な交易圏を支配する覇権勢力は存在せず、それぞれの地域交易圏は自立的な立場から交易を行っていたという（アブー＝ルゴド二〇一四、上・下）。

このアブー＝ルゴドの見方に対して、一三世紀の交易ネットワークは、はたして世界システムと呼べるものなのかという疑問が起こるが、ここで重要なのは二人の研究者がともに、ヨーロッパ、中東、アジアに広がる世界交易ネットワークが形成されたなかで、その中心にいたのが中東のムスリム商人だったとみていることである。世界各地に広がる交易ネットワークでは、盗賊や海賊の略奪などに妨げられることなく交易を円滑に行うには、交易路の安全の確保や秩序の確立が不可欠であり、ユーラシア大陸各地のイスラーム国家がそれを提供したのである。中東勢力の世界交易ネットワークは、第三章でみるヨーロッパ勢力の世界交易ネットワークに先行するものであり、見方によっては、ヨーロッパ勢力は中東勢力のネットワークを継承して、それを世界規模に拡大したにすぎないということすらできる。また、ヨーロッパ勢力は世界貿易から莫大な富を獲得するが、それに劣らず中東勢力も、商人だけでなくイスラーム国家も、交易に参加する世界各地の商人などから徴収した関税や取引税などで、多大な富を得たのである。

中東勢力が世界史にもった意義

中東勢力が世界の支配者として政治と経済と文化をリードしていたこの時代を、バーナード・ルイスは次のように総括している。

イスラムは地上最大の軍事力を代表し、その軍隊はヨーロッパ、アフリカ、インド、中国に同時に侵攻した。イスラムは世界一の経済勢力であり、アジア、ヨーロッパ、アフリカで商業とコミュニケーションの遠隔地ネットワークを通じて、商品を広範に商い、アフリカから奴隷と金を、ヨーロッパから奴隷と羊毛を輸入し、アジアの文明国とは、さまざまな食料品、材料、手工業品を交換した。イスラムは人類史上、文明としての人文科学と自然科学において最高度の水準に到達していた。イスラムは古代中東、ギリシア、ペルシアの知識と技能を継承しつつ、それらに外側から新しい重要な革新を加えた。たとえば、中国からは紙の使用と製造を、インドからは十進法の位取りの数え方を取り入れるといった具合である。ひとつが欠けても、近代の文学と科学を想像することはできないだろう（ルイス二〇〇三、六〜七頁）。

近年のルイスの現代中東政治に関する言説は、「反中東・反イスラーム」で凝り固まっているという批判が強いが、政治を離れた歴史認識に関しては引用に値するように思う。この総括がいみじくも語るように、この時代は中東が軍事、政治、経済、科学、文化と、あらゆる分野で世界の頂点に立っていたのである。また、この時代の戦争は単なる武力衝突の場というだけでなく、技術交流や文化交流の場でもあったことをよく示すのが、すでにみた、中東の軍隊と中国の軍隊が戦ったタラスの戦いである。世界で最初に紙が発明されたのは二世紀初めの中国だが、タラスの戦いで中東軍の捕虜となった中国軍の兵士のなかに紙職人がいたことから、製紙法が中東へ、そして中東を通じて世界へと広まったのである。

世界史の大きな潮流のなかでみた、中東勢力が世界の文明史にもった意義についても、ルイスの指摘が引用に値する。中東のイスラーム世界は、空間と時間の両方において中間だったという意味で「中間の文明」というのがそうである。空間的に中間という意味は、中東の地域世界の外縁はヨーロッパ南部、中央アフリカ、アジアのそれぞれの地域世界に接しているので、中東がこれらの地域世界の要素を包みこみながら、文明を創りあげたということである。時間的に中間という意味は、中東が、古代と近代の中間の時代に優位勢力として世界の支配者となったので、古代ヨーロッパのギリシア思想やユダヤ教やキリスト教の古代文明を継承し、さらには遠隔の地の諸文化の要素を取り入れて、それをより豊かなものにして、次の優位勢力の近代ヨーロッパにバトンタッチしたということである。一言でいえば、中東は支配者の側からみた世界史の道筋において、古代と近代の橋渡しの役割を果たしたのである（ルイス二〇〇一、三八一頁）。

4　中東勢力への反撃

十字軍とモンゴル軍、スペインの国土回復

中東勢力が世界を征服したとはいえ、それは決して無抵抗で達成されたものではなく、その過程で

様々な抵抗が起こったし、世界の支配者となった後もしばしば武力抵抗や反発が起こっている。世界各地における中東勢力に対する抵抗や反発のうち、中東の支配に挑戦して、それを揺るがした出来事として、ここでは三つを挙げておきたい。

第一が、ヨーロッパ勢力の十字軍（一〇九六〜一二七〇年）である。これは七つの地域世界の観点からすると、世界を支配する中東に対するヨーロッパの武力反発とみることもできるが、なぜ十字軍なのだろうか。キリスト教は中東のエルサレムの地で誕生し、ローマ帝国の国教となって以降、ヨーロッパ各地に広まったが、中東勢力が強大になりエルサレムがその支配下に置かれてキリスト教徒の巡礼が困難になると、聖地エルサレムの武力奪回を目指して組織されたのが十字軍だったのである。

十字軍は、一〇九五年にローマ教皇がヨーロッパ各地の国王に派兵を呼びかけたことで始まり（十字軍と呼ばれたのは、参加者が衣服に十字の印をつけたことによる）、一〇九六年の第一回から一二七〇年の第七回まで、約一八〇年に及んで行われた。遠征軍はイタリア、フランス、ドイツ（神聖ローマ帝国）、イギリスなど、西ヨーロッパ諸国の軍隊を中心に編制され、陸路と海路からエルサレムを目指した。

第一回遠征では、領地や戦利品の獲得、商業機会の拡大、負債帳消しや自由身分となることへの期待など、様々な動機を持った巡礼者や女性と子供や修道僧などを含む、約一万の軍隊がエルサレムの攻撃に成功して、エルサレム王国（一〇九九〜一二九一年）を建国し、兵士たちは褒賞としてエルサレムの土地を与えられた。しかし、その後は次第に宗教的情熱が薄れ、本来の目的から逸脱した略奪行為に陥ることが少なくなかったし、教皇の威信が低下し、それと入れ替わる形で台頭した各地の国王が国内やヨーロッパ地域世界内部の出来事に力を注ぐようになると、十字軍は頓挫したので、中東の世界支配者としての地位に変動はなかったのである。

第二が、モンゴル人の中東攻撃である。いまみた十字軍は一〇九六～一二七〇年に起こったものだが、モンゴル軍の攻撃の頂点がアッバース朝を滅亡させた一二五八年なので、二つは同時的な出来事であった。むろん、ヨーロッパ勢力とモンゴル勢力の間に「同盟関係」や「連携」があったわけではないが（ただし、その試みはあったが）、十字軍は西から、モンゴル軍は東から挟撃する形で中東勢力を攻撃したのである。

そもそも、なぜ突如としてモンゴル人が世界史に登場したのだろうか。東アジアのモンゴル草原で遊牧を生計にするモンゴル人は、長いこと部族間で分裂・反目していたが、一二〇六年にチンギス・ハーンによって統一されると、これがその後にユーラシア大陸を席巻するモンゴル帝国誕生の産声となった。チンギス・ハーンの息子たちがユーラシア大陸の各地を攻撃・征服したなかで、侵略の矛先は中東にも向けられた。モンゴル勢力は、本拠地のモンゴル草原を出発し中央アジアのサマルカンドを経て、イラン北部のタブリーズやバグダードを攻撃し、一二五八年にはアッバース朝のカリフを処刑して同朝を滅亡させた（成功しなかったがダマスカスなど地中海東部やエジプトも攻撃した）。そして、中東の東部地域を征服すると、現在のイランの北西部の街タブリーズを首都にイル・ハン国（一二五八～一三五三年）を創ったのである。

世界史に登場する征服者は、いずれも残虐行為に満ち溢れているが、軽装備の馬に乗り、素早く動きながら弓矢で射る騎馬戦法を得意にしたモンゴル軍も、徹底的な殺戮《さつりく》と破壊と略奪を行い（ただし、職人など技術者は殺さないで利用したが)、中東勢力は一時的ながら壊滅的な打撃を受けた。一例を挙げると、モンゴル軍は一二六〇年にシリアの要衝アレッポを征服したさい、男性住民を全員殺害し、捕虜になった約一〇万人の女性と子供を奴隷商人に売ったのである(佐藤一九九七、二九三頁)。その直前の一二五八年には、バグダードがモンゴル軍の手に落ちると、街が略奪されて徹底的に破壊されたため、イスラーム世界の政治文化の中心地はエジプトのカイロへと移り、バグダードが再び世界史で脚光を浴びるのは、第四章でみるアメリカが優位勢力時代のフセイン大統領時代のことである。

ただ、興味深いのは、モンゴル人の襲撃によって多くの人びとが殺され街が破壊されたなかで、イスラーム文化が破壊されなかったことである。実際には、その逆だった。中国を征服して創った元の支配者が中国文化に同化したように、イル・ハン国の第三代支配者がムスリムとなるなど、モンゴル勢力はイスラーム化し、首都タブリーズはイラン・イスラーム文明の中心地となったのである。このことは、序章でみたように、モンゴル人は軍事的に強大とはいえ、世界に主張する文化を持っていなかったことを語っている。

第三が、中東勢力に国土を征服されたスペインの武力反撃である。ヨーロッパ諸国のうち国土の大半をイスラーム勢力に征服されたのはスペインとポルトガルだが、反撃はスペインにイスラーム国家が誕生した直後から始まった。重要都市のトレドを一〇八五年に、リスボンを一一四七年に奪回し、一二三六年にイスラーム勢力の拠点都市のコルドバを回復するなど、一二六〇年には国土の大半を取り戻した。そして、最後の仕上げが、カスティーリャ王国とアラゴン王国が一四七九年に合併して誕生したスペイン王国が、南部のグラナダの地に残るイスラーム国家のナスル朝を一四九二年に追放したことである（ポルトガルは、すでに一二四九年にイスラーム勢力を国土から追い出している）。これによりスペインは国土回復を達成したが、この出来事が持った世界史的意義はスペイン一国に留まるものではなかった。この後、第三章でみるように、スペインの地からイスラーム勢力を一掃したことが、中東勢力とヨーロッパ勢力の力関係が入れ替わる大きな転機となり、ヨーロッパ勢力が世界の新たな支配者となることに繋がったからである。ここでみた三つの反撃事例のうちでは、これが、中東勢力が優位勢力の地位から降りることに最も直接的な関連があったのである。

衰退要因

世界史上で初めて優位勢力となって世界を支配した中東勢力だが、一六世紀初めにヨーロッパ勢力の世界進出が始まると、支配者の地位を譲っただけでなく、後にはヨーロッパ勢力の植民地化の対象にすらなった。なぜ、中東勢力は衰退したのだろうか。これまでに様々な要因が指摘されているが、ここでは二つを挙げておきたい。

一つは、世界各地におけるイスラーム勢力の凄まじい覇権争いである。アラビア半島でのイスラーム国家の誕生以降、世界各地で様々なイスラーム国家が誕生したが、本拠地の中東では、中東全域を支配下に入れた統一国家と呼べるものは、ウマイヤ朝、アッバース朝、オスマン帝国の三つしかない。中東勢力が世界に君臨した約八四〇年でみると、ウマイヤ朝はわずか九〇年ほどで滅亡し、中東勢力の絶頂期だったアッバース朝は約五〇〇年続いたとはいえ、実質的な支配期間は最初の一〇〇年ほどでしかなく、その後は、支配領域がイラクの中部と南部に限定された弱小地域国家に転落している。そのなかでオスマン帝国は、三六人の皇帝の下で六〇〇年ほど続いたが（ただし、初期の頃は小領域国家だった）、ヨーロッパ勢力の手がオスマン帝国の支配領土にも伸びると、徐々に領土を失ったのである。つまり、強大な統一国家が中東全域を支配した時期はさほど長くはなかったのである。

イスラーム勢力が分裂して政治的まとまりに欠けていたことを、よく示すのがアッバース朝時代である。アッバース朝は誕生から一〇〇年ほどもすると、実権をバグダードに創られたブワイフ朝に奪われて、アッバース朝の支配者（カリフ）はブワイフ朝の単なる操り人形に成り下がり、エジプトではファーティマ朝が自立的支配を行い、北アフリカ各地でも地域支配者がアッバース朝から自立し、アッバース朝に滅ぼされたウマイヤ朝も、残存勢力がスペインで後ウマイヤ朝を創るといった有り様であり、日本の戦国時代と似たような状態にあったのである。

イスラーム勢力の覇権争いをいっそう複雑にしたのが、ムハンマドの正統な後継者は誰かという問題と絡んだ宗派論争と対立である。正統カリフ国家の第四代カリフの死後、後継者はイスラーム共同体の合意で決まるとするスンニー派と、ムハンマドの娘婿で第四代カリフのアリーの末裔であるとするシーア派に分裂し、両派は絶えることなく政争と戦争を繰り返した（これは、現代も続いている）。それだけでなく、シーア派内部でも様々な分派に分裂して激しい抗争が行われた。中東勢力は、外部の地域世界に対してはイスラームを掲げて強大さを誇ったが、内部では常に各地に様々な勢力が分立して、宗教的、世俗的覇権を競い合う状態にあり、いわば内部消耗したのである。

もう一つは、イスラーム国家が科学など新しい技術に対して拒絶反応を示し、技術革新に後れをとったことである。中東勢力の衰退要因として、これを指摘する研究者が少なくない。近代になるとヨーロッパ勢力が科学技術の急速な進歩を遂げて軍事力を強化したのに対し、宗教と政治が一致するイスラーム国家が世界の科学技術の変化に対応できなかったことが、衰退要因の一つと考えられているのである（詳しくは第三章でみる）。優位勢力として長いこと世界の頂点に立ち、その地位に安住していた中東の人びとの関心は、もっぱらイスラームの教えと、イスラーム勢力同士の覇権争いにあり、ヨーロッパなど外部の地域世界に対する関心は極めて低く、この時期にヨーロッパでどのような技術革新が起こっているのか、知ろうともしなかったのである（『岩波講座　世界歴史』一九九七〜、一四巻、羽田正、八六〜八七頁）。これを一因に中東とヨーロッパの軍事力が逆転して、中東は優位勢力の座を滑り落ちたのである。

中東勢力の最後の統一国家となったオスマン帝国が、ヨーロッパ地域世界のビザンツ帝国の首都コンスタンティノープルを攻略したのは一四五三年のことだが、それから五〇年も経たないうちに、ヨーロッパ勢力の世界征服と支配者への道を拓くことになる、スペインとポルトガルの世界大航海と探検が始まったのである。この事情はインドでも同じであった。インドにおけるイスラーム勢力の頂点は一五二六年に成立したムガル帝国だが、ムガル帝国が誕生する少し前の一五一〇年に、ポルトガルはインド南西部の港町ゴアを貿易拠点として占領し、ヨーロッパ勢力のアジア進出（支配）の第一歩が静かに始まったのである。オスマン帝国は一六世紀に興隆を極め中東勢力の最後の輝きを放っていたが、まさにその時に世界史の歯車はヨーロッパ勢力が新たな支配者となる時代へと動き始めていたのである。

第三章　ヨーロッパ勢力の時代——シー・パワーの展開

中東勢力に代わって優位勢力となり、世界の新たな支配者となったのがヨーロッパ勢力である。そのおおよその期間は、ラテン・アメリカの現地王国を征服した一六世紀初頭から、ヨーロッパの主要国が戦って消耗した第一次世界大戦が終わった一九一八年までの、約四〇〇年である。この約四〇〇年をヨーロッパ勢力のなかで支配的だった国を基準に区分すると、初期がスペインとポルトガルの優位時代、中期がオランダ、イギリス、フランスの競合時代、終期がイギリスの全盛時代になるが、本章ではこの期間のヨーロッパ勢力をまとまった一つのものとして扱うことにする。

ヨーロッパは地理的に、南ヨーロッパ、西ヨーロッパ、東ヨーロッパ、北ヨーロッパの四つのサブ地域に分かれ、最初に国家と文明が興り発展したのは、第一章でみたように南ヨーロッパ（地中海地域）だが、優位勢力として世界を支配した時の中心地はイギリス、フランス、オランダ、スペインなどの西ヨーロッパである。ヨーロッパ勢力は世界の海を利用して、アジア、中東、アフリカ、北アメリカ、ラテン・アメリカ、オセアニアを征服・従属させ、世界史上はじめて一つの地域世界が他のすべての地域世界を政治的、経済的、文化的に支配すると、ヨーロッパ人は世界の他のすべての人びとよりも優れていると唱えたのである。

古代には、ユーラシア大陸の西端に位置する西ヨーロッパは文明の辺境の地にすぎず、ローマ帝国全盛期の紀元前一世紀にフランス北部、ドイツ南部、イギリス南部の征服と平定を実行したローマ帝国の将軍カエサルは、西ヨーロッパは小集団の部族に分裂して互いに略奪争いに明け暮れし、強大な国も文化と呼べるものもないことから、イギリスの人びとを野蛮人と呼んでいた（カエサル一九四二）。それから約一六〇〇年以上も後のこととはいえ、なぜ、イギリスなど西ヨーロッパは世界の支配者となることができたのだろうか。それを考える前に、まずは、ヨーロッパ勢力が他の地域世界をどのように攻撃・征服して支配したのか、それをみることから始めよう。

1　西ヨーロッパの勃興

大航海の意義

第一章で、四七六年の西ローマ帝国の崩壊に前後して、東ヨーロッパから移動したゲルマン人が、西ヨーロッパの地に西ゴート王国（スペイン）、フランク王国（フランス）、イングランド王国（イギリス）など新国家を創ったことをみたが、一六世紀初頭以降になると、これらの国で形成された絶対主義国家が世界征服の原動力となった。そのさい、世界を征服するうえで水先案内人の役割を果たしたのが、スペインとポルトガルを中心に一五世紀末に始まった世界の地理探検、すなわち大航海であった。なぜ、この時代にヨーロッパ勢力による世界の地理探検や大航海が始まったのか、それは様々な要因が結合した結果である。

ただ、これは世界史においては、すでに周知のことなので、ここでは主な要因や出来事を簡単に順不同に列挙するだけにする。一二世紀にヨーロッパで、アジアかアフリカにプレスター・ジョンという名前の国王が統治するキリスト教国家があるという伝説が生まれ、それを見つけだそうとしたこと、一二九九年に刊行された、中国の元時代のアジアを旅行したイタリア人マルコ・ポーロの『東方見聞録』などを通じてアジア（東方世界）への関心が高まったこと（この後でみるコロンブスの航海の動機は、マルコ・ポーロの本に触発されたものだった）、一四〇六年にプトレマイオスの『地理書』が書かれるなど世界地理についての知識が普及したこと、科学技術が進歩して遠洋航海が可能な航海術と造船技術、それに戦闘における優れた武器などが発達したこと、一四九二年にスペインでイスラーム国家を滅亡させて国土回復を達成すると、キリスト教を世界に広める宗教的熱情が高まったこと、ヨーロッパで冬に食用肉を貯蔵するために、インドネシア・モルッカ諸島などで産出されるクローブやナツメグなど香辛料の需要が高まり、香辛料貿易に参入した場合は莫大な利益を期待できること、などがそうである。

大航海や世界探検は、これらを受けてポルトガルとスペインの王室が関与して始まったもので、両国が主導した主な航海には次のようなものがあった。

まず、一四八八年にポルトガル王室の支援を受けたバルトロメウ・ディアスが、リスボンからアフリカ大陸沿いに南下して南端の喜望峰に到達し、アジア航路への道を拓いた（ただし、成功しなかったが、すでに一二四一年にイタリアのジェノバ商人がこのルートの開拓を試みているし、中東勢力も逆回りながらアラビア海—アフリカ東海岸—大西洋のルートの開拓を試みている)。一四九二年には、スペイン王室の支援を受けたクリストファー・コロンブスが、西回りで中国の一大交易地の泉州とジパング(日本)を目指して大西洋を横断し、実際には、約二ヵ月後にアメリカ大陸の西インド諸島のサンサルバドル諸島などに到達した(コロンブスは全部で四回、カリブ海域や中南米地域を航海探検したが、最後まで、これらの地はアジアの一部だと信じていた)。一四九八年になると、ポルトガル貴族のバスコ・ダ・ガマがアフリカ大陸の喜望峰を回ってインドのカリカットに到達することに成功して、インドから大量の香辛料を持ち帰った。

そして、一連の大航海の仕上げともなったのが、一五一九年にスペイン王室の支援を受けたフェルナンド・マゼランが、最大の香辛料産地のインドネシアのモルッカ諸島を目指して、五隻の船、二八〇人の乗組員でスペインから大西洋を南下し、南アメリカ大陸最南端を回るルートで出発したことである。マゼランは途中のフィリピンで土着人との戦闘のさいに死亡したが、生き残ったメンバーが何とかモルッカ諸島に到達し、最後には、一隻の船と一八人の乗組員が出発から三年後の一五二二年にスペインに帰国した。マゼラン一行の航海は、結果的に世界史上初の世界一周旅行となり、地球が丸いことを実証するものとなったのである。

優位勢力の交替との関連で見逃せないのは、これら一連の大航海の背後には共通の動機が潜んでいたことである。それが、ヨーロッパ勢力に敵対的で世界を支配する中東勢力のオスマン帝国が強大になり、それまでの中東経由のアジア交易が困難になったために、中東を迂回して、海からアジアに至るルートの開拓を迫られたことである。ここから西や南に向かう大航海が始まり、新大陸の「発見」やアジアに至る海路の開拓に繋がったのである。そのさい、ヨーロッパ勢力を手助けしたのが、ユーラシア大陸の西端に位置して大西洋に面しているヨーロッパの地勢であった。ヨーロッパ勢力は海を利用すれば、中東勢力に邪魔されない利点を生かして、新たに「発見」した北アメリカ、ラテン・アメリカ、アフリカ、オセアニアの地域世界を征服し、さらには、海路からアジアや中東に到達して従属させて、世界の新たな支配者となったのである。ある意味で、近年いわれるグローバリゼーションは二〇世紀末に初めて起こった現象ではなく、すでにこの時代に始まったものなのである（ロバーツ二〇〇二〜、一〇巻、五頁）。

絶対主義国家の確立

ただ、ヨーロッパのすべての国が世界征服に乗り出したのではなく、絶対主義国家体制を創出した国に限られていたし、また、これらの国が一斉に行ったのではなく、最初にスペインとポルトガル、次いでオランダ、その次がイギリスとフランス、ロシア、そして、最後がイタリアとドイツという順番で行われたものだった。国により海外進出の時期に違いがあるのは、次の理由による。外国との貿易や新たな領土を獲得して国家の富を増やす政策は重商主義と呼ばれるが、この時期のヨーロッパ諸国はこれを国家目標に掲げた。しかし、そのためには貴族や僧侶など封建勢力の力を排除して、政治的に分裂している国内を統一し、官僚と常備軍に支えられた国王に権力を一元化して中央集権体制を確立する必要があり、このような国家が絶対主義国家と呼ばれた。国により海外進出に時間差があったのは、絶対主義国家の確立がこの順番で行われたからである。

西ヨーロッパ諸国の絶対主義国家の確立過程を簡単にみると、次のようなものだった。まず、スペインは一四七九年にカスティーリャ王国とアラゴン王国が合体して、国王が絶対的権力を握るスペイン王国が成立すると、一四九二年に南部のグラナダのイスラーム国家を滅ぼして国土回復を達成した。これは、スペイン国内からイスラーム勢力を追放した一国内の出来事にすぎなかったが、「イベリア半島のレコンキスタと海外の帝国領土の征服とは、ひとつの物語の相互に密接に関係する二つの章」(『岩波講座　世界歴史』一九九七〜、二五巻、高橋均、一八七頁)、といわれるように、スペインとポルトガルはこれをバネに世界探検と征服に乗り出したのである。

スペインの支配下にあったオランダは、宗主国スペイン(カトリック派)の宗教弾圧(オランダはプロテスタント派)に不満を持ち、一五八一年に独立宣言をして事実上独立すると、一六〇二年にオランダ東インド会社を設立して海外進出の体制を整えた。イギリスは、エリザベス一世(在位一五五八〜一六〇三年)の時代に絶対王政を確立し、一五八八年の海戦でスペインの無敵艦隊を破った。フランスも、アンリ四世(在位一五八九〜一六一〇年)の時代に絶対主義国家体制を確立した。少し遅れて、ロシアは一六八二年に即位したピョートル大帝が西欧化を推進して近代国家体制を確立し、ユーラシア大陸北東部(シベリア)と中央アジアへの領土拡張を開始した。最後がイタリアとドイツで、イタリアは長いこと分裂状態に陥っていた国土を一八六一年に統一するとと海外に目を向け、ドイツも一八七一年にプロイセンを軸にドイツ帝国が成立して絶対主義体制を確立すると、海外領土の獲得に乗り出したのである。

2 世界を植民地に

ヨーロッパ勢力の世界の征服と植民地化、すなわち世界支配に至る過程がどのようなものだったのか、ここでも既存研究文献の助けを借りて跡付けると、次のようになる。

ラテン・アメリカ——アステカとインカの滅亡

ヨーロッパ勢力が最初に進出した地域世界が、いまみた航海と探検によって発見された「新世界」のラテン・アメリカである。なぜラテン・アメリカなのか、その理由の一つは、当時ヨーロッパでは、場所が不明ながら、ラテン・アメリカには「エル・ドラド」(黄金の国)があるという伝説が流布したことにあった。実際には、エル・ドラドは実在しなかったが、スペイン人が探検すると、メキシコのアステカ王国(一三二五〜一五二一年)とペルーのインカ王国(一四三八〜一五三二年)が財宝豊かな国として発見された。ヨーロッパ勢力が到来する前のアステカ王国の首都テノチティトラン(現在のメキシコシティー)は、人口三〇万人を持ち当時のヨーロッパの都市よりも豊かだったし、ペルーのインカ王国も六〇〇万〜八〇〇万人の人口を持つ豊かな国だった。スペインとポルトガルは植民地化を巡って衝突する事態を避けるために、一四九四年のトルデシリャス条約(これは、スペインからイスラーム勢力を放逐した二年後のことである)など、三回に及ぶ条約を締結して世界を二分割し、それぞれの植民地化の領分を決めたが、条約によりラテン・アメリカの大半がスペインの領分とされた。

スペインの植民地化は、カリブ海地域の現在ドミニカとハイチがあるエスパニョーラ島に、キリスト教会大聖堂の建設などスペイン風の街を造ることで始まったが、これは、最初からスペインの目的が略奪や貿易だけでなく、キリスト教の布教やスペイン人の移住にあったことを語っている（ロバーツ二〇〇二〜、六巻、二〇六頁）。スペインは同島を拠点にして、アステカ王国とインカ王国の金銀財宝の獲得をめざし、ヘルナン・コルテス率いる約四五〇人の遠征軍が、土着人の反アステカ勢力軍（数万人）の協力を得て、一五二一年にアステカ王国を滅亡させた。一五三二年にはフランシスコ・ピサロが、インカ王国が整備した道路網を利用してインカ王国を征服し、翌一五三三年に国王を処刑して滅亡させた（ただ、その後しばらく、生き残った王族による抵抗と反乱が続いたが）。

コルテスとピサロは、スペインでは居場所のないアウトサイダーに属し、新世界での一攫千金を狙ったコンキスタドール（征服者）と呼ばれた軍人であり、ピサロはインカ王国から略奪した黄金のうち、五分の一をスペイン国王への税とし、残りを略奪の参加者全員で分配した（増田義郎二〇一〇、一九頁）。これが語るように、二人の征服はスペインの「国家事業」としてではなく、国王から征服を請け負って、征服費用などは自前の「私的事業」として行われたものだったのである（『岩波講座世界歴史』一九九七〜、二五巻、高橋均、一九一頁）。

社会のはみ出し者のコンキスタドールが征服した後、植民地経営に乗り出したのがスペイン国家である。インカ王国の南のボリビアで発見されたポトシ銀山で、一五四五年に大規模な開発が始まり、大量の銀がヨーロッパなどに持ち込まれたが、現地王国の金銀財宝を略奪し終えると、スペインから行政統治者の一群とスペイン人（とポルトガル人）移民が送り込まれ、広大な土地を利用したタバコやサトウキビや綿花やインディゴなどの一次産品栽培が始まった。栽培は大規模農園で行われたので大勢の労働者を必要としたが、征服過程でインディオと呼ばれた土着の人びと（インディオはスペイン語でインド人を意味する言葉。そう呼ばれたのは、アメリカ大陸を「発見」した当初はこの土地がインドだと信じられていたからである）の大半が虐殺や、ヨーロッパ人征服者が持ち込んだ疫病が原因で死亡して激減したため、生き残ったインディオに加え、アフリカ大陸の黒人が強制的に連行されて、サトウキビ農園などで奴隷労働者として働かされた。

ラテン・アメリカの植民地はスペインに莫大な富をもたらし、なかでもメキシコは最も重要な植民地となったが、これはスペインが、メキシコ植民地の名称を「ヌエバ・エスパニャ」（新スペイン）と名付けたことによく表れている。カリブ海地域はスペインが最初に進出拠点を築いた地域だが、すべての島をスペインの植民地とはしなかったので、その間隙を縫ってイギリスやフランスなどが一部の島の植民地化を進めた。

北アメリカの征服

ラテン・アメリカから約六〇年遅れて、北アメリカの征服と植民地化が始まった。コロンブスが北アメリカ大陸を「発見」した当時、東部の大西洋岸を中心に、ヨーロッパ人がインディアン（英語でインド人を意味する言葉）と名付けた、二〇〇万〜五〇〇万の土着の人びとが住んでいた。しかし、東部に住むインディアンは野牛に依存した農業、西部に住むインディアンは狩猟採集生活を営むだけで、アステカ王国やインカ王国のような強大な文明国家がなかっただけでなく、さしたる抵抗をすることもなかったので、ヨーロッパ勢力の眼前には広大な未開地が広がっていた（紀平編一九九九、一一頁）。北アメリカの植民地化に乗り出したのは、イギリス、フランス、それにスペインなどで、その目的はラテン・アメリカのときと違い、略奪や交易よりも、人口が過剰なヨーロッパから自国民を移住させて自営農業を営む植民にあった。

北アメリカの植民地化の中心勢力がイギリスである。一五八五年のアメリカ東部のバージニアにおける最初の植民は失敗したが、一六〇七年に一〇四人からなるイギリス人の移民地が同地に建設されてタバコ栽培が始まった。イギリス人移民の入植は、インディアンの居住地からの追い立てとセットで行われ、一七三三年には大西洋岸の東部全域に植民地が広がり、一三の植民地体制が出来上がった。このうち北部の植民地は商工業者や自営農民、南部の植民地は大規模農園主が多かったが、移民者の大半を家族連れが占めた。

フランスは、一六〇八年にカナダ東部のケベックに砦を築き、毛皮商人と修道士を中心に拠点として確保すると、五大湖方面からミシシッピ川沿いにメキシコ湾まで南下して、大西洋岸に面したイギリス植民地の北方と西方を取り囲む形で植民地とした。スペインも、メキシコに隣接するテキサス、カリフォルニア、それにフロリダ半島など南部の広大な土地を植民地とした。

このように、北アメリカの植民地化はイギリス、フランス、スペインの三ヵ国が中心だったが、一七世紀末にスペインの国力が衰退すると、イギリスとフランスの間で争奪戦が起こった。一七五四〜

六三年にインディアンを巻き込んでイギリス軍対フランス軍・インディアン軍との間で「七年戦争」が勃発したが、両国の戦いは、同じ時期にヨーロッパとインドでも起こっている。北アメリカの争奪戦は、この時すでに自国民の移民者が一二〇万人にも達していたイギリスが、わずか六万人のフランスを圧倒し、フランス植民地拠点のケベックを占領するなどして勝利した。一七六三年にパリで和平条約が結ばれ、カナダ、それにミシシッピ川以東など、北アメリカ大陸中部の広大なフランス植民地がイギリスに割譲されて、フランスは北アメリカから撤退したのである。

ライバルの排除に成功したイギリスは、その後、イギリス人だけでなくヨーロッパ人の大規模な移民政策を進め、他方では、インディアンを強制的に中部地域などに移住させて、ヨーロッパ人中心の社会を北アメリカに創りあげたのである（詳しくは第四章でみる）。

アジア――東インド会社の進出

ヨーロッパ勢力の征服と植民地化の眼は、七つの地域世界のうちで人口が最も多く、かつ経済資源が豊かな「旧世界」のアジアにも向けられた。征服は、スペインとの世界の二分割条約でアジアを割り当てられたポルトガルが、一五一〇年にインドのゴア、翌一五一一年にマレーシアのマラッカを占領（植民地化）したことで始まった。しかし、小国ポルトガルの植民地化は交易拠点を抑える「点の支配」（港）にとどまり、アジアの広大な土地と人びとを支配する最大の植民地勢力となったのがイギリスである。その先兵が一六〇〇年に設立されたイギリス東インド会社であり、同社は形式的には民間貿易会社だが、軍隊や条約締結権を持つなどミニ国家と呼べるものだった（これは、フランスやオランダなど他の国も同様であり、北アメリカの植民地化も同様の形態で行われた）。

第一章でみたように、アジアでは中国とインドが群を抜く経済力を持つことから両国が植民地化のターゲットとなったが、地理的にヨーロッパから近いインドが先行し、インドを巡ってイギリスとフランスが争った。両国はインドの地で幾度か軍事衝突したが、一七五七年に、インドのヒンドゥー教勢力を巻き込んでイギリス軍対フランス軍・ベンガル地方軍の組み合わせで、東インドのベンガルの地でプラッシーの戦いが起こり、イギリスが勝利した。勝利したイギリス東インド会社は、ベンガル地方の徴税権を獲得すると、カルカッタに本部を設けて植民地経営を開始し、その後、イスラーム国家のムガル帝国を名目的に利用しながら支配領域をインド全域に拡げていった。一八五七年には、インド人の間で起こった反イギリス運動の「インド大反乱」に、ムガル帝国の支配者が加担したことを口実にムガル帝国を廃止し、併せてイギリス東インド会社も解散させて、イギリスが直接に統治する方式へと変えた。そして、一八七七年にイギリス国王がインド皇帝を兼任するインド帝国を創り、支配体制を完成させたのである。

南アジア（インド）がイギリス一国の植民地となったのに対し、東南アジアは複数のヨーロッパ勢力による征服と植民地化の草刈り場となった。一五七一年にスペインがフィリピンを植民地としたのを端緒に、一九世紀後半までに、ポルトガルが東ティモールと中国のマカオ、オランダがインドネシア、イギリスがミャンマー、マレーシア、シンガポール、ブルネイ、中国の香港、フランスがベトナム、カンボジア、ラオスのインドシナ三ヵ国を、一部の国や地域では土着の人びとが抵抗したので熾烈な戦争があったものの、それぞれの植民地とした。

ヨーロッパ勢力の征服と領土拡張は、中国の北に広がるほぼ無人の広大な原野のシベリアにも及んだが、ここはロシアの独壇場であり、その目的は貴重な毛皮の入手にあった。地理的にみると、それまでヨーロッパ地域世界の東の境界線はウラル山脈だったが、ロシアは一五九八年にウラル山脈の東にあるシビル・ハン国を滅ぼして併合し、一六八九年に中国の清《しん》とネルチンスク条約を締結して中国東北部（満州地域）との国境を画定した。それより前の一六三九年には、ロシアの領土はすでに太平洋岸のオホーツク海に到達していた。一八一〇年代になるとベーリング海峡を渡って、北アメリカ大陸西北部のアラスカも植民地としたが、しかし維持費負担が重いとの理由で、一八六七年に七二〇万ドルでアメリカに売却してしまい、ロシアがユーラシア大陸以外の土地に植民地（征服地）を持つことはなかった。もしロシアがアラスカを手放すことなく、そのまま保持していたならば、第四章でみるアメリカが優位勢力時代の世界の構図、とりわけアメリカとソ連（ロシア）との力関係が大きく違っていたと思われるが、これは文字通り「もし」でしかない。

一九世紀末になると、北アメリカ地域世界の一員のアメリカもアジア植民地化の一員に加わっている。この後でみるように、イギリス植民地から独立したアメリカが、キューバのスペインからの独立運動に加担すると、一八九八年にアメリカ・スペイン戦争が勃発し、勝利したアメリカは同年に、スペインからフィリピンとグアムを購入して同地の新たな支配者となったのである。アメリカのアジア進出は、第四章でみるように、国土を北アメリカ大陸の東部から西部に拡大して太平洋岸に到達した延長線上にあり、その目的はフィリピンを拠点にアジア貿易に参入して経済利益を得ることにあった。

この結果、アジアで植民地化されてヨーロッパ勢力の支配下に組み入れられることを免れたのは、東南アジアのタイ、東アジアの形式的に主権を維持した中国、それに、独立を維持しただけでなく、一八六八年の明治維新以降、東アジアの一部の国や地域（台湾や朝鮮や満州）を植民地にした日本の三ヵ国だけである。

オセアニアの植民地化

ヨーロッパからみると地球の反対側に位置し、はるかに遠いオセアニアも征服されて植民地となった。その契機は、一七六八〜七一年の第一回航海をはじめ三回にわたり、ヨーロッパから南アメリカ大陸南端を経由して太平洋地域を探検したイギリス人のジェームズ・クックが、一七七〇年にオーストラリア大陸を「発見」したことにある。この経緯もあり、オセアニアの植民地化の中心勢力はイギリスで、当初の目的は、それまでイギリス囚人の流刑地として利用していたアメリカが独立したため、オーストラリアを代替地とすることにあった。オーストラリアには土着人のアボリジニーが住んでいたが、人口が少ないこともありイギリスの侵略にほぼ無抵抗だった。一七八八年にオーストラリア東南部のポートジャクソン（シドニー）に、七七八人の囚人を乗せた貨物船が到着し、一七九三年にはイギリスからの自由移民も始まり、移民者は羊毛業や農業を営んだ。その後、アメリカのインディアンと同様にアボリジニーも国土の片隅に追いやられて、ヨーロッパ人移民中心の社会が出来上がったのである。

イギリスは一八〇〇年頃になると、ニュージーランドにも植民地化の眼を向ける。オーストラリアと違い土着人のマオリが抵抗したので、植民地化戦争が発生したが、勝利したイギリスは一八四〇年にマオリと条約を締結してニュージーランドの主権を得た。同年に最初のイギリス人移民の入植が始まり、入植者は羊毛業などを営み、イギリスはニュージーランドでもヨーロッパ人移民中心の社会を創りあげたのである。

広大な太平洋に浮かぶ島嶼部の植民地化は、フィリピンを植民地にしたスペインが、フィリピンの東に浮かぶグアム島を植民地としたのが最初だった。一九世紀になると本格化して、オランダが一八二八年にニューギニア島の西半分、フランスが一八四二年にタヒチ、翌年にニューカレドニア、イギリスが一八七四年にフィジー、ドイツが一八八四年にニューギニア島の東半分を植民地にしたのが主なものである。

アフリカを分割

アフリカの征服と植民地化が本格化したのは一八八〇年代初頭のことである（ここではエジプトを除く北アフリカをアフリカに含めてみる）。アフリカがヨーロッパから近いにもかかわらず植民地化が遅いのは、アフリカ大陸には熱帯病などの問題があったからである。そのため、ヨーロッパで医学が発達して熱帯伝染病に対する治療法が確立され、また、一九世紀にヨーロッパ人のアフリカ大陸内部の探検が進み、交通手段が整備されて、アフリカ大陸沿海部から内陸部への旅行や軍隊の行軍が可能になると、植民地化が本格化したのである（ロバーツ二〇〇二〜、八巻、七六頁）。

アフリカの植民地化で注目されるのは、スペインとポルトガルが植民地化過程で衝突を避けるために、世界を分割する条約を締結したことをみたが、ヨーロッパ勢力はアフリカでも同じようなことをしたことである。コンゴの植民地化を巡りヨーロッパ勢力の間で争いが発生すると、秩序ある植民地化（分割）を目的に、一八八四〜八五年にヨーロッパの一二ヵ国、それにオスマン帝国とアメリカの、全部で一四ヵ国が参加してアフリカ分割に関するベルリン会議が開催された。会議では、①アフリカ沿海部の占領が自動的に後背地の所有権を生み出すという勢力範囲の原則、②現在、他国の権益下に置かれていない土地を自国の勢力圏とするには、他のヨーロッパの国に通告すればよいという実効支配の原則、の二つが合意された。これは、現代アフリカ人歴史家がいみじくも指摘するように、「一大陸の国家がより集まって、他の大陸の分割と占領について、これほど図々しく語ることが正当化されると考えたというのは、世界史に先例がない」（宮本・松田編一九九七、二八七〜二八八頁）ことだったが、ヨーロッパ勢力は、後世のアフリカ人の批判などお構いなしに、この方針に沿ってアフリカを分割・支配したのである。

アフリカにおける最大の植民地勢力はフランスであり、その理由は、すでにみたように、北アメリカやインドの植民地化を巡ってライバルのイギリスに敗れたため、自国に近い北アフリカの地で世界植民地体制の立て直しを図ったことにある。とはいえ、すでに一九世紀初頭にフランスと地中海を挟んだ対岸のアルジェリアの植民地化が始まっており、一八三〇年に首都のアルジェを占領し、一八三四年にはアルジェリア全土をフランスに併合した。一八八一年にはアルジェリアの隣国のチュニジアを占領し、北アフリカ西端のモロッコも保護領として、北アフリカの西半分を支配下に入れ、それより少し前には、サハラ砂漠南のサヘル地域のモーリタニア、マリ、ニジェール、チャド、それに東アフリカのマダガスカル島を植民地としたのである。

フランスに次ぐ植民地勢力がイギリスで、南アフリカ、ザンビア、ボツワナ、タンザニア、スーダン、ナイジェリア、ガーナと、アフリカ大陸各地でほぼフランスに匹敵する領土を植民地とした。両国以外にも、ベルギーがアフリカ中央部のコンゴ、ポルトガルがアンゴラとモザンビーク、イタリアがアフリカ北東部のリビア、ソマリランドの地、エリトリア、ドイツがナミビア、カメルーン、タンザニアを植民地とし、最後に植民地化されたのが、第二次世界大戦が始まる少し前の一九三五年にイタリア植民地となったエチオピアである。

中東――オスマン帝国領を分割

世界各地のうちで、最後にヨーロッパ勢力に植民地化されたのが中東である。中東が最後となった理由は、中東地域が、強敵のオスマン帝国の支配下にあったので、ヨーロッパ勢力といえども容易に手が出せなかったからである。そのため、植民地化はオスマン帝国が弱体化した一九世紀末に始まり、オスマン帝国の支配地を分割する形で行われた。中東を植民地化（や併合）したのがイギリス、フランス、それにロシアの三ヵ国であり、これを象徴する出来事が、実現しなかったものの、第一次世界大戦中の一九一六年に、三ヵ国がオスマン帝国を分割する秘密のサイクス・ピコ協定を締結したことである。三ヵ国のうち植民地化の中心勢力となったのはイギリスだが、その理由は、イギリスにとり最も重要な植民地インドに、ロシアなど他のヨーロッパ勢力が中東経由の陸路を利用して接近することを防ぐために、中東をイギリスの影響下に置いておこうとする地政学的戦略にあった。

一八八一年にエジプトで反ヨーロッパの民族ナショナリズム運動が発生すると、イギリスは軍隊を派遣し、翌八二年に占領して実質的に支配下に置き、一九一四年に保護国とした（ただ、形式的にはこれまで同様にオスマン帝国がエジプトの宗主権を持ち続けたが）。エジプトを保護国（植民地）にしたのは、一八六九年にフランスの手で開通し、一八七五年にイギリスが管理権を握った、地中海とアジアを結ぶスエズ運河の管理権を万全なものとするためだった。実際に、スエズ運河の開通によりイギリス—インド間の航海距離は約四〇％も短縮され、一八八〇年代に運河を通過した総船舶トン数の五分の四をイギリス船舶が占めたのである（歴史学研究会編二〇〇六～、六巻、二二五頁）。

第一次世界大戦でオスマン帝国がイギリスやフランスの敵国となったドイツ側に立って参戦し、同帝国の支配下にあった中東地域で独立運動が発生すると、イギリスとフランスは影響力を強めることを目的に支援した。大戦が終わってオスマン帝国が敗戦国になると、一九二〇年に国際連盟はレバノンとシリアをフランス、イスラエルとヨルダンとイラクをイギリスの委任統治領としたが、これは、これらの国が実質的に両国の植民地となったことを意味したのである。

ロシアは、中東と地続きの地勢を生かして、すでに一八世紀に中東での支配地域を拡大することを目的に南下政策を開始していた。この結果、一八七七～七八年のロシア・トルコ戦争などにより、オスマン帝国の支配下にあったコーカサス地方やバルカン半島の一部、それに、ペルシア支配下にあったトルクメニスタンやウズベキスタンなどの中央アジアをロシアの領土に組み入れたのである。

3　力関係はなぜ逆転したか

いま簡単に概略をみたように、ヨーロッパ勢力は世界が一つに繋がる海を利用して、世界史上初めて世界をヨーロッパの下に「一つ」にしたのである。とはいえ、ヨーロッパ勢力の世界征服は、それまでの優位勢力の中東勢力と断絶した、独力で達成したものではなかった。「世界各地域のあいだに結びつきを打ち立ててゆく上に、かつてアラビア人が中途まで運んだ過程に最後の仕上げをしたのは、ほかでもない「近代」ヨーロッパの人たちであった」(飯塚一九六三、一〇頁)と指摘されるように、中東勢力の成果を踏み台にして行われたものだったのである。

また、ヨーロッパ勢力が一斉に征服と植民地化に乗り出したのではなかったように、世界各地の植民地化の時期には違いがあり、まずラテン・アメリカから始まり、北アメリカが続き、その後、アジア、オセアニア、アフリカ、そして最後に中東の順番で行われたものだった。しかも、アフリカと中東の植民地化は、この後でみるように、一八〜一九世紀に北アメリカとラテン・アメリカの植民地の大半が独立して、これらの地域におけるヨーロッパ勢力の支配が終わった後で行われたものだったのである。

ともあれ、ヨーロッパ勢力が競い合いながら貪欲に進めた植民地化により、世界で植民地となった国の面積の比率は、一九世紀初めは三五％だったが、一八七八年に六七％、第一次世界大戦が始まった一九一四年には八四％にも達した（『岩波講座　世界歴史』一九九七～、五巻、本村凌二、四〇頁）。これは、一九一四年には少なくとも世界の八四％の地域が支配される側にあったことを意味し、地球規模での支配＝被支配構造が出来上がったのである。ヨーロッパ勢力のなかでも二大植民地国はイギリスとフランスだが、それぞれの植民地（支配地域）の面積は、イギリスが本国の国土の約一一二倍、フランスが約二一・六倍にも及んだのである。なぜ、ヨーロッパ勢力は世界を征服できたのだろうか、植民地化の目的は何だろうか、優位勢力として世界を支配した時のヨーロッパの特徴は何であり、世界をどのように変えたのだろうか。以下では、これらの問題を考えてみたい。

世界を征服できた要因

植民地化過程の検討から明らかなように、ヨーロッパ勢力の世界征服は一気に達成されたものではなく、時間の経過とともに徐々に行われたものだった。ヨーロッパの近代史は、一六世紀が世界探検、一七世紀が科学革命、一八世紀が産業革命と啓蒙主義、一九世紀が帝国主義の時代といわれるように、ほぼ一〇〇年単位でヨーロッパの地域世界内部で大きな経済社会変革が起こり、その力が頂点に達したのが最後の段階の一九世紀の帝国主義の時代であり、この時にヨーロッパの世界支配（植民地化）が完成したのである。しかし第一章でみたように、世界史の初期段階ではヨーロッパの地域世界、とりわけ西ヨーロッパは中東やアジアの後塵を拝していた、というよりも、支配者の一員であるイギリス人のH・マッキンダーの言葉を借りると、これらの地域に「従属」していた（マッキンダー二〇〇八、二五五頁）のが実情である。それなのに、なぜ中東勢力を押しのけて新たな優位勢力、すなわち世界の支配者になることができたのだろうか。これについては本章の冒頭でみた、一六世紀前後の時代における世界の大航海を促した要因が、そのままヨーロッパ勢力の台頭要因となったとする研究者が少なくないが、ここでは中東勢力との関連で、最大の要因として近代科学技術と結合した軍事力を挙げておきたい。

近代科学技術と軍事力の結合

中東勢力がそうだったように、他の地域世界を攻撃して征服するには何よりも強力な軍事力が必要である。近代になるとヨーロッパで科学技術が発達したが、それを根底で支えたのが、科学を応用することで人類は無限に進歩できると確信し、歴史とは高みに向かっていく動きのことであり、その高みに君臨するのがヨーロッパ人であるという意識であった(ロバーツ二〇〇二〜、七巻、八頁)。ここから、ヨーロッパで科学技術と軍事力の結合が起こり、これを武器に他の地域世界を征服したのである。

科学技術に裏付けられた軍事力を持ったヨーロッパ人の自信がどのようなものか、これをよく語るのが次のエピソードである。ヨーロッパ勢力が世界大探検を開始して間もない頃、ポルトガルが占領したマラッカにやってきたトメ・ピレスは、一五一四年に中国について次のように語っている。

東方《レヴアンテ》の人々の語るところによると、シナ(中国)の事柄は、国土、人民、富、奢侈、盛儀においてすべてが壮大である。……それぞれの国が持っている栄光というものも含めて、シナの事柄は、高貴で立派な豊かな国のものであると思わせるのに充分である……（と称賛した後で、）かれらは脆弱な国民であり、征服しやすいから……同地へ何度も渡航したことのある重立った船長たちは、マラカを占領したインディア総督ならば、十隻の船《ナウ》でシナの沿岸地帯のすべてをも征服することができるであろうと断言している（ピレス一九六六、二三一、二四〇～二四一頁、括弧内は引用者）。

ヨーロッパ勢力が台頭したばかりの一六世紀初頭に発せられたこの言説は、中東が世界の支配者だった五〇〇年前はむろんのこと、一〇〇〇年前ですら考えられないことである。

ヨーロッパ勢力のうち、すべての地域世界に植民地を持ったのはイギリスだが、イギリスは世界最強の海軍力を持つに至り、これが世界を征服するさいに最大の武器となった。同様にスペインも、ラテン・アメリカの現地王国の軍隊を圧倒する近代兵器を武器に、戦闘兵器としての騎兵を知らず（ラテン・アメリカに馬は生息していなかった）、また、火器を持たない（正確にいうと、知らない）インカ王国とアステカ王国を征服した。フランスも西アフリカで侵略戦争を行ったさい、当時のハイテク武器の連射式重機関銃は桁外れの威力を発揮し、アフリカ側の死傷者が五〇〇〇人を超えたのに対し、フランス側はわずか七七人にすぎなかった。弓矢と槍、それにわずかの単発式ライフルで武装しただけのアフリカ側は、機関銃を装備したフランス軍の敵ではなかったのである。

なぜ、ヨーロッパで兵器や軍事力が急速に進歩したのだろうか。その一因として、この時期にヨーロッパ諸国が覇権や領土を巡って戦争を繰り返していたことが挙げられる。ヨーロッパの地域世界、とりわけ西ヨーロッパは狭い地域に諸々の国家が割拠する状態にあり、多くの国で王位継承問題や領土問題が起こると、西ヨーロッパの主要国を巻き込んだ三十年戦争(一六一八〜四八年)など絶えることなく戦争が発生した。ここから、各国とも戦争に勝利するために、科学技術に裏打ちされた兵器の開発(例えば、火器の改良)、常備軍の創設や戦闘方法の体系化など、軍事力の整備に励んだのである。これによって、西ヨーロッパ諸国は軍事力を一気に増強しただけでなく、他の地域世界を圧倒するレベルに達して、「ヨーロッパ人が地球上の他の民族との紛争で常勝」(マクニール二〇一四、上、二八九頁)することになったのである。

遠洋航海術が発達したことも、世界を征服できた要因の一つに挙げなければならない。これにより、ヨーロッパ勢力は大西洋やインド洋や太平洋など、それまで未知だった広大な海を利用して、世界のどの地域へも迅速に到達して攻撃・征服できるようになったからである。一例を挙げると、ヨーロッパからアメリカ大陸への大西洋横断は、天候や風向きの強い影響を受ける帆船が使われていた大航海時代には数週間や数ヵ月を要する大冒険だったが、動力の高速船の就航が始まった一九一〇年には、わずか五日以下に短縮されたのである。

ヨーロッパ勢力が世界を征服できた要因を挙げると際限がないが、要するに、ヨーロッパで近代科学技術が発達して、それを基盤に高度な軍事力(火器など)を持つに至ったこと、船舶や航海術、鉄道や通信の発達により世界が地理的に「狭く小さく」なったことが、ヨーロッパ勢力の世界征服を可能にしたのである。

第二章でみたように、中東勢力の世界征服は多くの地域で熾烈な戦争が行われた結果だが、ヨーロッパ勢力の場合、小さな征服戦争はあったものの、さほど抵抗らしい抵抗に遭遇することはなかった。その最大の原因は、いまみたように他の地域世界を圧倒した軍事力にあり、イギリスの歴史家J・M・ロバーツは、これを実にあっさりと述べている。

ヨーロッパ人は軍事的に優位に立っていたため、たいていは自分たちの要求を現地社会に押しつけることができました。……かつては中国にもすぐれた武器があり、火薬などはヨーロッパより数世紀も前から使用していました。ところが中国の武器がそれ以降、進歩を止めてしまったのに対し、一五世紀のヨーロッパでは冶金術が急速に進歩し、世界のどこよりもすぐれた武器を生産できるようになっていた（ロバーツ二〇〇二〜、六巻、一八六〜一八七頁）。

そして、ここからウィリアム・マクニールの次のような驚くべき言葉がでてくる。「世界史上の驚嘆すべき事実のひとつは、一九世紀には、最新のヨーロッパ式装備に身を固めていれば、ほんの小部隊であっても、アフリカやアジアの国家そのものをむこうにまわしてうち負かすことができたということである」（マクニール二〇一四、下、八一頁）、と。これは、中東が優位勢力の時代には考えられないことだった。

ヨーロッパと他の地域世界を分けた要因

すると、次のことが問われなければならない。なぜヨーロッパで科学技術が発達し、他の地域世界はそうではなかったのか。とりわけ、これまで世界の軍事、経済、科学技術をリードしていた中東勢力は、どうしてヨーロッパ勢力に追い抜かれてしまったのだろうか。

ヨーロッパ勢力が台頭する前は、中東勢力や中国などが科学技術分野で世界をリードしていたと考えられている。ウィリアム・マクニールは、一〇〇〇年頃の中国（宋《そう》）の産業と軍備はヨーロッパより数百年も先んじていたと論じているが、その証拠として、一〇七八年の中国の製鉄の生産高が一二万六五〇〇トンだったのに対し、一七八八年のイギリスの総製鉄高は七万六〇〇〇トンで、七〇〇年前の中国の六割でしかなかったという数字を挙げている（マクニール二〇一四、上、六七、七二頁）。ヨーロッパ勢力の世界大探検が始まった頃の一五〇〇年における世界の地域別国内総生産にしても、アジア（日本を除く）と中東を合わせて六二・一％だったのに対し、西ヨーロッパは一七・九％でしかなかったのである（マディソン二〇〇四、一五〇頁）。

近代ヨーロッパの幕開けを準備したといわれる、ルネサンスの三大発明の火薬、羅針盤、活版印刷も、すべて中国で最初に考案されたものである。このうち、戦争に直接に関わるのが火薬だが、これを使った大砲は最初に中国で発明され、その後、中東に伝わり、オスマン帝国など中東勢力も大いに利用している（ポンティング二〇一三）。世界探検にしても、ヨーロッパ勢力に先駆けて中国の明《みん》は一四〇五～三三年の間に七回に及んで大艦隊を編成し、家臣のムスリムの鄭和《ていわ》を東南アジア、南アジア、中東のアラビア海と紅海、それに東アフリカ海岸部に派遣している。第一回のインド西海岸のカリカット行は、大型船六〇隻余、乗組員二万七〇〇〇人からなる大編成隊で、最大の艦の排水量は推定一五〇〇トンもあったが、同世紀末にポルトガルがインド洋探検に派遣したバスコ・ダ・ガマの艦隊旗艦は三〇〇トンでしかなかったのである（マクニール二〇一四、上、一〇三頁）。

近代にヨーロッパ勢力が台頭する前は、科学技術などの分野では中東勢力やアジアが優れていたわけだが、なぜ両者の力関係が逆転したのか、これもすでに様々な要因が指摘されて議論し尽くされた感があるなかで、ここでは次の点を挙げておきたい。中国を例にいうと、中国では、これらの発明技術が社会に広く行きわたるように実用化されることがなかったことである。なぜ、歴史的な大発明が戦争使用や実用化へと進まなかったのか、その要因も様々にあるなかで、一つが、儒教の素養を持った文官（科挙の合格者）が尊敬されていた中国では、「教育ある人士は武器を携帯することを不面目とみなす」（マクニール二〇一四、上、九六頁）風潮があったことである。このことは、中国の国家エリートにとり軍事力は重視されなかった、というよりも軽蔑されていたことを意味している。もう一つが国内の政治事情である。大砲などの火器がヨーロッパに先駆けて中国や中東で使われていたにもかかわらず、ヨーロッパ勢力の後塵を拝することになったのは、中国と中東がともに、比較的に安定した強大な国家の支配が続いて地域世界内部での戦乱が止んだため（例えば、明や清、それにオスマン帝国）、戦争のために新たに新型兵器を創りだす必要がなかったのである（ポンティング二〇一三、一八四頁）。

第二章で、中東勢力が世界の支配者の地位から転げ落ちた原因の一つが、新しい科学技術に拒絶反応を示したことにあったといったが、次のエピソードは、なぜヨーロッパと中東の力関係が逆転したのか、その理由の一端を説明してくれる。日増しに強まるヨーロッパ勢力の圧力に苦悩するオスマン帝国では、一九世紀末に国家改革を巡って近代主義者と伝統主義者が激しく対立したが、その内実は、「近代主義者が機械化された国営工場の建設を要求すると、ウラマー（宗教指導者）は政府の役人がタイプライターを使っていることを罵った——預言者ムハンマドはそんなものはいっさい使わなかった、と」（アンサーリー二〇一一、五二五頁）、というようなものだったのである。

このエピソードは、ヨーロッパと他の地域世界を分けた要因が、科学技術に対する考え方の違いにあったことを見事なまでに語っている。近代になっても、中東やアジアではこれまで同様にイスラーム、ヒンドゥー教、儒教など宗教の教えが国家や人びとの最も重要な価値であり続けたが、ヨーロッパでは近隣諸国との戦争が絶えなかったことを一因に、宗教から科学への価値転換が起こり、科学は宗教の規範から自由に活動するようになったのである。なぜ、ヨーロッパでこの価値転換が起こったのか、これもすでに様々な研究や説明がなされているので、ここでは、いまみた戦争要因以外に、政治社会要因を挙げておくことにする。

それが、すでに第二章で触れたように、それまでヨーロッパでも宗教権威者の教皇が、宗教分野だけでなく政治分野の権威も独占していたが、近代直前の時期になると世俗権威者の皇帝が台頭して、宗教に関わるものは教皇、世俗に関わるものは皇帝（国王）というように、宗教と政治の分離（政教分離）が起こったことである。これにより、ヨーロッパの世俗世界を支配する絶対主義国家では、宗教の制約や規範から自由に、ひたすら知的好奇心や戦争に勝利する実用性の観点から科学技術の追求が可能になったのである（とりわけイギリス国教会が創られたイギリスで）。すると、なぜ、ヨーロッパでは政教分離が起こり、他の地域世界では起こらなかったのかが問われなければならないが、それはまた別のテーマであり、ここでは第二章でみたように、イスラーム国家では宗教と国家（政治）が不可分のものと考えられていたことを挙げておけば十分である。

ヨーロッパ勢力と中東勢力の科学技術に対する姿勢の違いがもたらした、軍事力の基礎となる経済力の差異は歴然としたものだった。中東が優位勢力だった一〇〇〇年は、アジア（中東を含む、日本を除く）、アフリカ、ラテン・アメリカ、東ヨーロッパは、一人当たり国民所得（GDP）が四四〇ドルなのに対し、西ヨーロッパ、北アメリカ、オーストラリア、日本は四〇五ドルと、中東は西ヨーロッパをわずかながら上回っていた。しかし、ヨーロッパ勢力の世界の植民地化が完成する頃の一八二〇年になると、アジアや中東などが五七三ドルにとどまったのに対し、西ヨーロッパは一一三〇ドルと逆転しただけでなく、その差が大きく開いたのである（マディソン二〇〇四、五一頁）。

4　植民地と宗主国の構造

シー・パワーの意義

中東勢力をはじめローマ帝国や中国の国家など、これまで世界史に登場した強大な国家は、陸の軍隊を武器に他国を征服・支配したのでランド・パワーに属したが、遠洋航海技術を発達させて、海からすべての地域世界を征服したヨーロッパ勢力はシー・パワーに属する。なぜなのか、その理由は簡単である。

七つの地域世界の大半が大洋を隔てた場所に位置しているので、陸伝いで他のすべての地域世界を征服・支配することは不可能だが、海は一つに繋がっているので可能である。これをよく語るのが、「海を制する者は世界を制する」という格言である。その意味は、海洋の「最も明白な点は、一大交通路をなすということである。否、むしろ海洋は広大な共用地といってもよく、そこでは人びとはあらゆる方向に通行することができるが、御しがたい理由のため、自然と特定の進路を頻繁に利用するようになり、それが踏みかためられて通路になる。このようなルートが通商路と呼ばれる……。海洋には、既知、未知のさまざまな危険がひそんでいるけれども、水上の旅行や貨物運搬は陸運よりも容易かつ安価」(『マハン海上権力論集』二〇一〇、六六頁)なので、交通手段として海路は陸路よりも優れているということにある。そして、「海が一つであったことは、全歴史をつうじて変わっていない。しかし、人間のじっさいの目的からいうと、少なくとも今から約四百年前、喜望峰の迂回に成功するころまでは、事実上海は東西の二つに分かれていた」(マッキンダー二〇〇八、三八頁)が、ヨーロッパ勢力は大航海によって世界が海で一つに繋がっていることを確認すると、海路から世界を征服したのである。

これを、ヨーロッパ地域世界の眼からみると次のようになる。ユーラシア大陸の西端に位置する西ヨーロッパの地理的な初期条件は、南は越えがたい砂漠(地中海の南に広がるアフリカ大陸のサハラ砂漠)、西は未開の大海(大西洋)、北と北東は酷寒の大森林地帯に囲まれて、いわば鳥籠に閉じ込められた状態にある(これは第一章でみた、ユーラシア大陸の東端に位置する中国とほぼ同じ自然地理境遇である）。唯一、他の地域世界と繋がるのが南東の方角だが、そこには古代から機動力を持った騎馬遊牧民、そして近年は強大で敵対的な中東勢力のオスマン帝国が立ちはだかり、彼らの不断の攻撃に悩まされていた。しかし、ヨーロッパ勢力は近代になり遠洋航海が可能な航海術と交通手段を発展させると、この閉塞状態を打破し、西の大海を利用してヨーロッパ地域世界の数十倍もの新たな土地を手に入れただけでなく、ヨーロッパ勢力にとり脅威だった中東勢力との力関係を逆転させて、逆に軍事的、経済的、文化的にランド・パワーの中東やアジアを包囲・支配する立場へと入れ替わったのである（マッキンダー二〇〇八、二七三～二七四頁）。

これを象徴するのが、ヨーロッパ勢力のなかで最大の植民地宗主国となったイギリスである。そもそもイギリスは人口が多くなく国土も広くないので、覇権国の基本要件を備えてはいないが、なぜこれが可能になったのか、その理由は次の点にあった。

イギリスは、その力の絶頂に立っていたとき、実は天然資源、人口の規模、地上兵力などといった国力の多くの要素においては不十分であった。しかし、国力の一要素を構成する海軍がイギリスの海外膨張政策のための完全な手段となったことが、また同時に、その海軍がイギリスの生存にとって絶対に必要な原料と食糧を他国に妨害されずに確実に海外から輸入できるようにしたことが、同国を無類の優越的地位にまで押し上げた（のである）（モーゲンソー二〇一三、上、三四六～三四七頁、括弧内は引用者）。

このイギリスに代表されるように、ヨーロッパ勢力を優位勢力に押し上げたのがシー・パワーなのである。

植民地化の四つの目的

世界各地に国家が登場して交流が始まった時から、近隣国や他の地域世界を攻撃・征服・支配するのは経済資源の獲得が最大の目的であり、中東勢力もこれが目的の一つだったことをみた。ヨーロッパ勢力が、ヨーロッパからはるか遠く離れた地域世界を征服・支配した目的は何だろうか。これもすでに様々な点が指摘されて新たな議論の余地はほとんどないなかで、中東勢力の世界征服との関連で四点を指摘しておきたい。

第一が、初期段階のキリスト教の布教である。ヨーロッパ勢力のうち最初に世界の探検と征服に乗り出したのがスペインとポルトガルだが、その目的の一つはキリスト教の布教にあった。ブラジルに派遣されたポルトガル人植民地行政官は、一五〇〇年にポルトガル国王宛に次のような報告をしている。「わたくしの見たところでは、彼らはたいへん純真な人びとであります。ですから、もしわたくしたちに彼らの言葉がわかり、彼らもわたくしたちの言葉を理解することができさえすれば、彼らはたちどころにキリスト教徒となりましょう。彼らの様子から見て、彼らはいかなる信仰もなく、また信仰について考えてもいないようだからです」（歴史学研究会編二〇〇六〜、七巻、三九頁）、と。スペイン植民地のフィリピンに赴任したスペイン人行政官も一六〇九年に、「スペイン国王がフィリピナス諸島を維持されているのは、ひとえにキリスト教世界の建設と原住民の改宗のため」（歴史学研究会編二〇〇六〜、四巻、三九一頁）、であると述べている。

新世界植民地のラテン・アメリカと北アメリカ、それにオーストラリアの土着の人びとの間ではアニミズムなど独自の宗教が信仰されていたが、カトリック派とプロテスタント派の宣教師の、時には競い合う形での布教活動、それに、キリスト教徒のヨーロッパ人の移民などにより、アジアや中東などすでに有力宗教が根付いている旧世界を除いて、これらの地域世界にキリスト教が広まったのである。

第二が、経済利益の獲得である。世界探検や植民地化が始まった当初は、世界各地の貴重な産品を入手して、自国に有利な形態で交易を行うことも目的の一つとされた。これが経済目的の第一段階であり、これを如実に語るのが、オランダが一六六七年にインドネシア・スラウェシ島のマカッサル王国と締結したボンガヤ条約である。オランダは、「第六条で、マカッサル政府は領内の何処にも、他のヨーロッパ国民が……、取引その他で入ることを認め、許すことはしない。第七条で、全ての他のヨーロッパ国民を排除し、オランダ東インド会社のみが、マカッサル領域内で自由な取引、売買が許される。第八条で、会社は輸入、輸出にかかわらず、例外なく全ての税を免除される」（歴史学研究会編二〇〇六〜、四巻、四〇一〜四〇二頁）、と、ヨーロッパの他の国を排除した独占貿易を取り決めたのである。これから約二〇〇年後の一八六三年に、徳川時代末期の日本に赴任したイギリスの初代駐日公使も、「われわれの条約の目的が貿易であることはいうまでもない。貿易こそは第一かつ主要な目的である」（歴史学研究会編二〇〇六〜、一二巻、二二八頁）、と述べている。

なぜ、ヨーロッパ勢力は世界各地の交易を独占しようとしたのか、その理由は次の点にあった。古代から行われていたアジアとヨーロッパの東西交易は、中間に位置する中東や中央アジアの様々な商人が介在する「リレー方式」が採られていたので、利益が分散していたが、ヨーロッパ商人がヨーロッパ本国から自国の商船を使ってアジアなどで直接に買い付ける一貫体制を築くと、利益が莫大なものになったのである（永積二〇〇〇、三二頁）。アジア交易のために、ヨーロッパからアフリカ大陸南端の喜望峰を回って航海した場合、インド大陸の南に浮かぶセイロン島（スリランカ）は、アジアへの入り口に位置する格好の交易拠点である。同島は、最初にポルトガル、次にオランダ、最後にイギリスに占領されて植民地となったが、これは同島を巡ってヨーロッパ列強の間で凄まじい奪い合いが行われた結果だったのである。

しかし、一九世紀になると経済目的が変化する。ヨーロッパで産業革命が起こると、世界各地の植民地は、自国の産業化に必要な一次資源の供給地、および自国の工業製品の販売市場とみなされ、それまでの重要な交易港を支配する「点の支配」（交易）から、領土を支配する「面の支配」（植民地国家）へと転換した。一次産品生産には広大な土地を自由に利用することが不可欠なため、領土支配が植民地化の目的となったのである。これが経済目的の第二段階である。中東勢力も第一段階の交易を目的にしたが、第二段階の産業化のための領土支配はヨーロッパ勢力の時代に新たに登場したものである。

第三が、ヨーロッパ人移民の送り出しである。ヨーロッパ人移民は、北アメリカ、ラテン・アメリカ、オセアニア（オーストラリア）など新世界における目的の一つとされたが、そのためにはこれらの土地を植民地として支配下に置く必要があった。大規模な移民が行われた背景には、ヨーロッパ諸国で人口増加が起こったこと、生活が苦しい貧民層などが新世界に新しい生活の機会を求めたこと、政府も積極的な移民政策を採ったことがある。これは後で改めてみることにする。

第四が、非ヨーロッパ地域世界の文明化である。一部のヨーロッパ人は、植民地化はヨーロッパの進んだ文明を世界の遅れた地域に拡大して啓蒙することが目的であるという内容の「文明化の使命」を唱えた。いくつか例を挙げると、アフリカの植民地化を強力に推進したフランスの首相は一八八五年に、その理由を議会で次のように説明している。「優等人種には（武力によって植民地化するという）一つの権利があるのです。なぜなら優等人種には一つの義務があるからです。すなわち劣等人種を文明化するという義務です」（宮本・松田編一九九七、三二三頁）。一八七六年にブリュッセルで開催された、アフリカ分割会議におけるベルギー国王の演説も同様の理由を挙げている。「文明のまだ浸透していない地球上の唯一の場所を文明に開放し、すべての人々を包み込んでいる暗闇を突き破ることは、この進歩の世紀の価値ある神の意思にかなう改革運動となる、と敢えて私は申し上げたい」（歴史学研究会編二〇〇六～、八巻、二七三頁）、と。

興味深いのは、世界の遅れた地域に文明をもたらすために植民地化する必要があると唱えたのは、かつてのイギリス植民地アメリカも同様であることである。一九世紀末にアメリカ海軍の軍人は次のように述べている。「教化されたキリスト教世界に課せられた偉大な任務は、それを取り囲んで圧倒的に人口の大きい種々の古来文明、とりわけ中国、インド、日本の文明を懐柔し、それらをキリスト教文明の理想にまで高めることなのである」（『マハン海上権力論集』二〇一〇、一六三頁）、と。後でみるように、アメリカはイギリスの古い政治社会に反発して独立するが、文明的にはヨーロッパと同質的な社会なのである。

これらの目的によって世界が植民地化されてヨーロッパ勢力の支配下に置かれたが、この四つの目的のうち、宗教の伝播と経済利益の獲得は中東勢力と同じだが、移民と世界の文明化は、中東勢力も部分的に行ったとはいえ、ヨーロッパ勢力の独特な目的だったのである。

ヨーロッパ本国を支える植民地

ヨーロッパ勢力のうち最大の植民地宗主国は、すでにみたようにイギリスだが、極めて自明な疑問ながら、改めて問えば、なぜイギリスにとり植民地が必要なのだろうか。二〇世紀初頭にインド帝国副王に就任したイギリス人行政官は、その理由を驚くほど率直に語っている。「インドを支配するかぎり、われわれは世界の最強国である。しかし、もしインドを失うようなことがあれば、すぐに三流国に転落してしまうだろう」、と。それでは、なぜ、インド植民地がイギリス国家の生命の源泉なのだろうか。その理由は極めて実利的といえるもので、世界に広がる大英帝国の防衛の大半がインド人兵士によって担われていたこと、関税を通じてインド貿易から膨大な利益を得ていたことにあった（ロバーツ二〇〇二～、八巻、一二八頁）。実際に、イギリスは第一次世界大戦のさいに八六〇万人の兵士を動員したが、そのうち三分の一を海外植民地からの兵士が占めたし、とりわけインドから約一四〇万人を強制徴募して世界各地の戦場に配置したのである。

植民地が不可欠なことはフランスもまったく同様である。フランス啓蒙主義を代表する、一八世紀中頃に書かれた『百科全書』の「植民地」の項目は、「植民地は本国の利益のためにのみある」（平野二〇〇二、三一頁)、と極めて簡明に記しているし、フランスの知識人のガブリエル・シャルムは一八八〇年に次のように述べている。「我々がオリエントから姿を消し、他のヨーロッパ諸列強にとってかわられるような日がくれば、我々の地中海における通商活動も、アジアにおける我々の未来も、南仏諸貿易港の取引も、すべて終わりをつげるだろう。我々の国家的財産を養っているもっとも実り豊かな源泉の一つが干上がってしまうだろう」(サイード一九九三、下、四八頁)、と。

これも、すでに議論し尽くされたことだが、ヨーロッパ勢力が一握りの土地も余すことなく極限ともいえる状態にまで世界の植民地化を進めた背景には、征服・支配された地域世界からするとまことに身勝手で迷惑な論理ながらも、競争が熾烈なヨーロッパ地域世界で生き残るために植民地を必要とするという切実な事情があったわけで、これが世界の全面的な植民地化に繋がったのである。と同時に、これが世界的規模での支配＝被支配関係が誕生した最大の要因でもあったのである。

5　世界に広めたもの、変えたもの

すべての地域世界がヨーロッパ勢力の支配下に置かれると、それまで紛争が絶えなかった世界各地から大規模な戦争が消えて「平和」な状態が現出した。もちろん、これは侵略や略奪、それに紛争の原因が消滅したからではなく、ヨーロッパ勢力が力で抑えつけた結果でしかなかったし、何よりもヨーロッパ勢力のための平和だったことは、いうまでもないことである。しかし、ともかくも世界が平和な状態になると、ヨーロッパ勢力は支配目的の経済収奪を行う傍ら、それを円滑に行うために、様々な制度を非ヨーロッパ世界に持ち込み広めたのである。ヨーロッパ勢力は何を広め、それによって世界はどのように変わったのだろうか。

経済収奪を円滑に行うための鉄道・道路・港湾の建設、植民地支配における行政・経済・軍事拠点の役割を担った植民都市、それに、現在、世界各地で当たり前になったヨーロッパ式の服装文化、イギリスのグリニッジ天文台の計測を基準にした世界標準時などは、その一例である。また、ヨーロッパ勢力は世界各地で数多くのヨーロッパ様式の建造物を造り残したが、これは第二章でみた、中東勢力が支配した土地でイスラーム様式の建造物を造り、それが現在も残っているのとまったく同じである。しかし、本書は主に政治や経済や社会の動きに関心があるので、ヨーロッパ勢力が世界に広め造りかえて、現在も続いているもの、現代に残したものとして、近代国家の類型、資本主義、人種差別観、新世界の民族構成の変容、の四つを挙げておきたい。

ヨーロッパ勢力が
世界に広めたもの

1 近代国家の類型

2 資本主義

3 人種差別観

4 新世界の民族構成の変容

近代国家の類型

国民軍と官僚制に支えられ、明確な国境線の領域内に住む人びとを排他的に支配・統治する近代国家の類型は、絶対主義国家時代のヨーロッパで誕生したものだが、ヨーロッパ勢力は植民地国家による統治を通じて、近代国家の類型を世界に広めた。それまで世界各地の支配的な国家類型は、世襲制の支配者が統治する王朝国家であり（これは中東でもアジアでも支配的な国家類型だった）、王朝国家にも支配者を支える軍隊や官僚群がいたが、それは国王のためのものであり（マックス・ウェーバーのいう家産官僚制）、近現代国家のように、国民のためではなかった。また、王朝国家の国境線は明確ではなく、国家の支配領域は首都から離れるに従い、あいまいな状態になる国が少なくなかった。しかし、ヨーロッパ勢力は世界を植民地化すると、ほぼすべての国で官僚制と軍隊を二本の支柱に、明確な国境線を持った植民地国家を創って統治・支配したので、近代統治体制と領域国家が非ヨーロッパ世界に持ち込まれたのである。

これをヨーロッパ勢力の植民地となった地域世界の眼からいうと、次のようになる。長いこと続いていた王朝国家の類型は、植民地化されるとともに植民地国家が創られると、歴史的役割を終えて基本的に退場し、代わりに、近代ヨーロッパで誕生した近代国家の類型（植民地国家）が持ち込まれ、それが第二次世界大戦後の独立時代に、現代国家として定着する下準備の役割を果たした、というものである（岩崎二〇一四）。ヨーロッパ勢力は植民地国家を創って、現代国家の類型を世界に広めたのである。

資本主義

資本主義は近代ヨーロッパで誕生した市場を原理にする経済システムであり、商品経済とも言い換えられるが、これが、ヨーロッパ勢力が植民地化した地域に持ち込んだ経済分野における最大の制度に挙げられる。ヨーロッパ勢力が世界を植民地化した経済目的は、当初は貿易にあったが、ヨーロッパで産業革命が起こると、産業化に必要な一次資源の確保や工業製品の販売市場へと変化したことをみた。一九世紀後半になるとヨーロッパ勢力は世界各地の植民地で、マレーシアではゴムとスズ、スリランカは紅茶、ブラジルはコーヒー、キューバはタバコと砂糖、ガーナではココア、といった具合に大規模な一次産品開発を進めた。特定の一次産品生産に特化する経済は「モノカルチャー経済」と呼ばれるが、植民地化された多くの国がモノカルチャー型経済構造へと転換したのである。いうまでもなく、これらの一次産品は植民地の人びとが消費するためではなく、世界市場に輸出してお金を稼ぐこと、すなわち輸出商品とするためであり、販売目的で生産することは商品経済と呼ばれるが、これにより、ヨーロッパ勢力は資本主義を世界に広めたのである。

ただ、植民地化される前から、非ヨーロッパ世界の一部の国や地域では流通範囲が狭いながらも商品経済が発達していたが、基本的に自給自足の伝統経済の下にあった。それが植民地化されると商品経済＝資本主義経済が持ち込まれて、ヨーロッパ勢力が主導する世界資本主義体系のなかに従属的役割を担うものとして組み込まれたのである。これが、経済史家のイマニュエル・ウォーラーステインのいう「近代世界システム」である。ただ、資本主義が持ち込まれたのは植民地化されたすべての地域ではなく、一次産品生産が行われた地域やそれらの商品の交易地などに限られ、それ以外の地域では、相変わらず伝統経済が続いていたことも事実であり、植民地化にともない非ヨーロッパ世界は、「伝統経済」の地域と「近代経済」の地域の二つに分節したのである（これが、植民地化された国が独立後に経済分節に苦慮する歴史的一因である）。

ヨーロッパ勢力のなかで、一九世紀に世界資本主義体系の頂点にいたのはイギリスであり、首都のロンドンは世界の金融センターの役割を担い、通貨のポンドは世界の基軸通貨となり、世界貿易を担う海運業でも優位に立つなど、イギリスは群を抜いた存在だった（『岩波講座　世界歴史』一九九七～、一八巻、福井憲彦、一九頁）。極論すると、ヨーロッパ勢力によって世界が植民地化されて資本主義が広まると、世界経済はイギリスを軸に動いたのである。これは、第二章でみた中東が世界を支配した時代に世界交易ネットワークの中心にいたのが中東のムスリム商人だったこと、そして、第四章でみる現代世界経済がアメリカを軸に動いていることとまったく同じ構図である。世界を支配する国を中心に経済が動くのは、「歴史の法則」なのである。

人種差別観

ヨーロッパ人が世界のどの人びとよりも優れているという意識も、ヨーロッパ勢力が世界を支配した時代に広めたものの一つに挙げなければならない。自分たちとは違う地域世界に住む人びとを、民族（優秀、劣等）や文化の違い（進んでいる、遅れている）に基づいて差別する民族差別や文化差別は、古い段階から世界各地でみられた。例えば、ギリシアの哲学者アリストテレスは、アレクサンドロス大王のペルシア遠征にさいして、「ギリシア人に対しては友に対するように、アジアの異民族に対しては動植物を扱うように」（岡崎二〇〇三、二七頁）、と勧めている。中国でも古代から中国人（漢族）が東アジアの周辺地域の人びとに対して、自分たちの中国文化が優れているという優越意識と、中国が世界の中心であるという意識で臨み、これが「中華思想」と呼ばれたことをみた（岩崎二〇一四）。また、第二章で中東が世界を支配した時代にも、中東の人びとが優れているという自民族優越意識が登場したことをみた。

しかし、ヨーロッパ勢力が世界を支配した時代には、これまでの民族差別や文化優越意識に加えて、人種の差異（例えば、皮膚の色が白い、黒い、黄色い）にもとづく人種差別が登場したのである。なぜ、人種差別なのか、その原因については多くの研究や文献があるので、ここでは触れないが、ヨーロッパ勢力の植民地支配が終わった第二次世界大戦後の一九四八年に、南アフリカで制度化され、一九九〇年まで続いて世界中から批判を浴びた白人と非白人（黒人）を差別するアパルトヘイトは、その産物（遺物）なのである。中東出身アメリカ人のエドワード・サイードは一九七八年に刊行された『オリエンタリズム』で、ヨーロッパ勢力（それに現代アメリカ）の知識人にみられるアジア（正確には、中東とアジア）研究と認識は、画一的でヨーロッパのアジア支配に都合よく提示された道具にすぎないとして、近代ヨーロッパ知識人のアジア観に潜む歪んだ差別意識を厳しく糾弾したが、ここでは非ヨーロッパ世界全体に対する差別意識がどのようなものかみることにする。

多くのヨーロッパ人は植民地で人種差別観をもとに現地の人びとに接したが、その根底にあったのが、一九世紀中頃におけるフランスの外交官・文学思想家のアルテュール・ド・ゴビノーに代表される次のような人種観である。

黒人種は、人種の階梯の最底辺に位置している。……黒人種は、受胎の時点から、人としての生き方が決定づけられている。黒人種の知的活動範囲は、全人種のなかでもっとも狭い。……黄色人種は、あらゆる点で凡庸である。容易に理解できるのは、それほど高度でも深遠でもない事柄だけである。……現実離れしたことは考えないが、理論を愛好することもなく、物事を発明することもほとんどない（歴史学研究会編二〇〇六～、六巻、三五三頁）。

一部の知識人は文明論を駆使して人種差別の正当化を試みている。イギリスの哲学者デービッド・ヒュームは一七四八年に刊行された『国民性について』のなかで、次のように述べている。

私は、黒人（ニグロ）、また一般にすべての他の人種（四つか五つの異なった種類がある）は、当然、白人よりも劣っていると考えるようになってきた。白くない皮膚をもつ文明民族は決して存在したことがないし、行動や思索においても優れた個人は決して存在したことがない。創意に富んだ産業は、彼らのもとでは発達していないし、芸術や科学もそうである。……私たちの植民地については言うに及ばず、ヨーロッパ全体のあちこちに黒人奴隷が存在する。そして彼らの中に、創意性の徴候が見いだされたことは決してなかったのである（歴史学研究会編二〇〇六～、六巻、一一〇頁）。

この言説は、第二章でみた、ヨーロッパが優位勢力になる前に世界の中心だった中東（イスラーム）文明、それに中国文明やインド文明をまったく無視したものであることはいうまでもないことである。ヨーロッパ人はアメリカ大陸のインディアンに対しても同じような見方をした。一七〇二年に北アメリカに渡ったイギリスの清教徒伝道者は、「これらのインディアンが、この巨大な大陸に、いつ、どのようにして最初に住み着いたのかはわからない。……しかし、おそらく悪魔がこの惨めな野蛮人をこの地におびき出し、彼らの上に悪魔の絶対的帝国を築いても、ここならば主イエス・キリストがやってきて、それを滅ぼしたり混乱させたりすることはよもやあるまいと思った、そのくらいの想像はつく」（歴史学研究会編二〇〇六〜、六巻、一〇九頁）、と述べている。

ヨーロッパ人優位観

ヨーロッパ人は世界の支配者となると、非ヨーロッパ地域世界の人びとを人種的、民族的、文化的に見下したが、それでは、ヨーロッパ人の自画像はどのようなものなのだろうか。「ヨーロッパ人は綿密な理論を好む。事実を語る言葉には、一点の曖昧さもない。かりに論理学など学ばずとも、ヨーロッパ人は生まれながらにして論理学者である。ヨーロッパ人は生来の懐疑論者であって、いかなる仮定をも、証明を経ずして真理と認めることは肯《がえ》んじない。その訓練された知性は、機械の部品のごとくに作動する」（サイード一九九三、上、九六頁）、というのはその一例である。この完璧ともいえる自画像は、第二章でみた、イスラーム世界の最高知識人のイブン・ハルドゥーンのそれと通底するものだし、また、ヨーロッパのすべての国のあらゆる社会階層の人びとに該当するのか、大いに議論の余地があるが、これがヨーロッパ人優位観とヨーロッパ文明優位観が結合した次のような歴史観に繫がっていく。イギリス人のベンジャミン・キッドは一八九四年に刊行された『社会進化論』のなかで述べている。

覇権の道は、停滞して変化のない東洋から西方へ向かっている。西へ西へと進むに従って、諸民族の活気はいっそう高まり、エネルギーと活力がいっそう満ちあふれていく。……歴史上、支配と覇権が北へ向けて動いているということにも、同様な教訓が示されている。優秀民族は身体的理由から西へと動いた。……元来が温帯動物であり、今なお温帯においてきわめて容易かつ迅速に増殖している人間は、生存環境がきわめて容易な所では、最高度の進化を遂げてはこなかった。歴史上を通じて、権力の中心は緩やかながら確実に荒涼たる北方へと向かった。その北地で、人々は、自然との苛烈な闘争の中で生存競争の訓練を積み、さらには、高度な社会的能力へと自らを鍛え上げるに足る特徴的資質や、エネルギー、勇気、そして高潔さを獲得したのである
（歴史学研究会編二〇〇六〜、六巻、三五五〜三五六頁）。

これらの見方や言説は、明らかにこれまでの世界史を無視した歴史の歪曲でしかないが、これとの関連で、当時のヨーロッパ人に是非とも聞かせたい言葉がある。徳川時代末期の一九世紀中頃にアメリカ公使の随員として日本に滞在し、攘夷派の武士の手で斬殺されたオランダ人のヘンリー・ヒュー

スケンの言説がそうである。ヒュースケンはヨーロッパからアフリカ大陸南端を経由して日本に至る航海の途次での見聞をもとに、仲間のヨーロッパ人に対して人種差別に潜む欺瞞性を手厳しく批判している。「文明国の民よ、白い肌の人々よ、御身たちはこの両インド諸島の原住民を野蛮人と呼びながら、その人たちにいかに多くの、まぎれもない蛮行を加えたことであろう。彼らを野蛮人呼ばわりするのは、御身らが犯し、これからも犯さんとする言語道断なる盗賊行為の、一種の口実にすぎないのだ」（『ヒュースケン 日本日記』一九八九、七四頁）、と。

近代ヨーロッパは、歴史上初めて客観的な科学認識や合理的な思考と人間観を生んだといわれているし、これまでの世界史から数多くのことを継承して学び取ったのに、なぜ民族差別や人種差別のような、歪んだ人間観を克服できなかったのだろうかという疑問が湧いてくる。その解答を得るには、当時のヨーロッパ人の一人ひとりの深層心理に入りこむ必要があるため、かなり難しい問題だが、ここではその一因として、近代ヨーロッパで誕生した、人間は平等であるという諒解の適用範囲がヨーロッパ地域世界の人びとに限られて（それでもユダヤ人は除外されたが）、文明が遅れた他の地域世界の人びとは適用に値しないと考えられたことにあったことを指摘しておきたい。また、ヨーロッパ勢力が世界を軍事的、政治的、経済的に支配下に置くと、それはヨーロッパ人が民族的、文化的に優れているからだという考えが無意識のうちに生まれたことも、その一因ではないかと思われる。E・H・カーが指摘するように、支配＝被支配関係における人種理論の効用は、「ある国民または階級が他の国民または階級を支配することは、つねに被支配者の知的・道義的劣等性を信じることによって正当化される」（カー二〇一一、一五〇頁）ことにあるので、この時代のヨーロッパ人も無意識のうちにこの思考の陥穽《かんせい》に陥ったのである。

いうまでもなく、すべてのヨーロッパ人が人種優越観に浸っていたのではなく、人数は少ないが冷静に客観的に他の地域世界の人びとや文化を観察する人もいたが、このような観察や受け止め方は例外的でしかなく、ヨーロッパ人の「常識」になることはなかったのである。かくして、ヨーロッパ人が支配者として世界に君臨した一九世紀後半から二〇世紀初頭にかけての「世界のヨーロッパ化」が完成した時期に、ヨーロッパ人は、「ヨーロッパ人であるというそのこと自体によって世界に主人公たる地位を約束されているかのように思いこ」み（飯塚一九六三、三七頁）、実際にそのように振る舞って、世界を意のままに動かし変えたのである。

アフリカ人の奴隷貿易

ヨーロッパ勢力が世界を支配した時代に、少なからぬアフリカ人（主に中西部の沿海部に住む人びと）が、アメリカ大陸に移動を強いられたことは、ヨーロッパ勢力が世界を意のままに動かし変えたことのリストから、絶対に落とすことができないものである。ただ、これはヨーロッパ勢力が世界の支配者時代に起こった悲惨な「負の出来事」の一つとして世界史の常識でもあるので、ここでは七つの地域世界との関連で簡単にみることにする。

その原因は、ヨーロッパ勢力がラテン・アメリカと北アメリカを植民地化した目的は一次産品開発にあったが、征服過程で土着人の人口が激減したため、代替労働者としてアフリカ人を農園や鉱山で奴隷労働者として利用することにあった。奴隷としてアメリカ大陸に移動を強いられたアフリカ人は、アフリカの国家間の戦争や部族間の抗争で敗れた陣営の捕虜、犯罪者、アフリカの国家やアフリカ商人やヨーロッパ商人の奴隷狩りの犠牲者などであった。

アフリカ人をアメリカ大陸に移送する商売は奴隷貿易と呼ばれたが、一七七六年にフランスの奴隷商人はアフリカ東部の小島の支配者と、次のような奴隷売買契約を交わしている。「わたしは、奴隷に課税される十分の一税を支払うことで、資質に関わりなく年間千人の奴隷を一人当たり税抜き二〇クルシュで提供することを、……認める。これ以外の課税はしない。キャプテン・モリスがこの協定を廃棄しない限り、……この契約の期間は百年とする」(歴史学研究会編二〇〇六〜、二巻、三四三頁)、と。

このような手法などで調達されたアフリカ人奴隷は、ヨーロッパ、アフリカ、ラテン・アメリカの三つの地域世界からなる三角貿易の「重要商品」の一つとして組み込まれた。例えば、イギリス商人は、ヨーロッパから火器や製造品や酒を積んで西アフリカに向かい、そこで積荷の商品をアフリカ人奴隷と交換し、ラテン・アメリカのカリブ海地域で彼らを農園経営者に売り、当地で砂糖やタバコを積み込み、ヨーロッパで販売して大きな利益をあげたのである(ロバーツ二〇〇二〜、六巻、二二一頁)。アフリカのギニア湾沿岸やナイジェリアなどの地域はかつてヨーロッパ人によって奴隷海岸と呼ばれたが、これは奴隷貿易の名残なのである。

奴隷貿易により、どれほどのアフリカ人がアメリカ大陸に連行されたのか諸説あるなかで、アンガス・マディソンによると、一五〇〇〜一八七〇年の間に約九三九万人が大西洋を横断してアメリカ大陸に運ばれ、行先は、ブラジルが三六五万人(三九%)、カリブ海地域が三七九万人(四〇%)、スペイン領ラテン・アメリカ（約半分をキューバが占めた）が一五五万人（一七％）、アメリカが四〇万人（四・二％）、である（マディソン二〇〇四、三九頁）。ただこれは、「無事」にアメリカ大陸に到着した人びとの数であり、移動の船上で数百万人が死亡しているし、たとえ無事に着いても五分の一から三分の一の人びとが、到着後三年以内に死亡したのである（リヴィ－バッチ二〇一四、六六頁）。

ヨーロッパ勢力によるアフリカ人の強制移動を経済学の用語を使っていうと、「黒人たちが、他人の所有物として、権利証書付きの動産に転化された《商品》として売られたこと」、「人間の精神と肉体がいわば丸ごと商品化され、他の各種の商品と同列に扱われること」（『岩波講座　世界歴史』一九九七〜、一九巻、室井義雄、一〇九頁）、というものになる。なぜ、ヨーロッパで人間の平等の意識が生まれた時代に（例えば、フランス革命の人権宣言）、ヨーロッパ勢力はアフリカ人を単なる商品として扱ったのか、という疑問が湧いてくるが、これについても、すでに様々な指摘がなされているので、ここでは、さきほどの人種差別観の検討で指摘した、この時代のヨーロッパ人はアフリカ人を同じ人間とはみていなかったことを挙げておけば十分である。

現代のアフリカ研究者の間では、理由はともかく、一部の人びとが奴隷としてアメリカ大陸に移動したことで、アフリカ社会（とりわけ多数の奴隷を送り出した西アフリカ）の人口抑制効果を持ち、残った人びとの生活水準と生存の可能性を高めることになったという見方がある。しかし、これはある面では真実だとしても、一人ひとりの奴隷はいうまでもなく、地域世界全体としてみた場合、アフリカは意に反して数少ない資源であるマンパワーの一部を剝ぎ取られたことは確かであり、これがアフリカ社会の活動低下と停滞に繫がったことを否定できないのである（リヴィ－バッチ二〇一四、六四頁）。

新世界の民族構成の変容

新世界の民族構成に大きな変化が起こったことも、ヨーロッパ勢力が世界を意のままに動かし変えたものの一つに挙げられる。その一因は、北アメリカやラテン・アメリカなど「新世界」へのヨーロッパ人移民にあったが、なぜヨーロッパから新世界への移民なのか。その理由は、ヨーロッパ諸国が自国の人口過剰問題と貧困問題を、広大な未開地を持つ新大陸に一部の人びとを移住させることで解決しようとしたことにあった。一八四六〜一九三二年の期間にヨーロッパ主要国から新世界への移民者数は、イギリスとアイルランドから一八〇〇万人、イタリアから一一一〇万人、スペインとポルトガルから六五〇万人、オーストリア＝ハンガリーから五二〇万人、ドイツから四九〇万人、ポーランドとロシアから二九〇万人、スウェーデンとノルウェーから二一〇万人と、植民地を持った国の他にも多くの移民者を送り出している。そして、移民者の行先は、アメリカが三四二〇万人、アルゼンチンとウルグアイが七一〇万人、カナダが五二〇万人、ブラジルが四四〇万人、オーストラリアとニュージーランドが三五〇万人、キューバが九〇万人、と新世界に集中したのである（リヴィ－バッチ二〇一四、一五二〜一五三頁）。

そのなかでも、オーストラリアは一時期、移民者をヨーロッパ人（白人）に制限して、アジア人やアフリカ人を排除した「白豪主義」の移民政策が採られたことで知られている。なぜだろうか。一九〇一年に移民制限法を議会で説明したオーストラリア自治政府の閣僚は、その理由について、「人種の一体性は、オーストラリアの一体性にとって絶対に本質的なものである。実際最後にそれは他のいかなる一体性にもまして重要なものであるのだ」（歴史学研究会編二〇〇六〜、九巻、三七六頁）、と述べているが、これは、さきほどみたヨーロッパ人優位観を、植民地の移民者にも持ち込んだものなのである。

ヨーロッパ勢力の人口過剰問題と貧困問題の解決を目的にした移民は、アメリカのインディアンやオーストラリアのアボリジニーの強制移動など、他の地域世界の住民の犠牲のうえに行われたものだったが、一部の研究者が指摘するように、地球規模の人口分布や生活空間の効率的利用という観点からすると、ヨーロッパの人口過剰な地域に住む人びとが、土地の余裕があるアメリカ大陸やオーストラリアなどへと移動したもの、すなわち、地球規模における人口分布の「調整」、あるいは「再配分」とみることもできなくはない。しかし、再配分という用語が語るように、移民は自然現象ではなく、ヨーロッパ勢力の支配者としての立場を利用して行われた人為的なものであり、これによって、北アメリカ、ラテン・アメリカ、オーストラリアなどはヨーロッパ人社会へと変容したのである。

新世界の民族構成が変容したもう一つの原因は、土着人の激減にあり、その代表ともいえる国がメキシコである。スペイン植民地となった当初の一五七〇年の人口は三三八万一一二人で、民族別内訳は、インディオが三三六万六八六〇人（九九・六％）を占めて、単一民族型社会に属していた。それが、二四〇年後の一八一〇年に人口は六一二万二三五四人に増えたが、民族別内訳は、クリオーリョと呼ばれる植民地生まれのスペイン人が一七・八％、スペイン人とインディオの混血のメスティーソが一一・五％、スペイン人とアフリカ人の混血のムラートが一〇・二％など、移民者や混血者の比率が大きく増えたのに対し（混血者が多いのは、ラテン・アメリカに移住したスペイン人などは独身男性が多く、土着のインディオやアフリカ黒人と結婚したからである)、インディオは六〇・〇%にまで減少したのである(歴史学研究会編二〇〇六〜、七巻、九一頁)。現在のメキシコの民族構成は、メスティーソが六〇%強を占めて、インディオは約三〇%でしかない。

ペルーも、スペインの植民地となる前はインディオの人口は一〇〇〇万人を超えていたが、征服からまだ年月がさほど経っていない一五七〇年代に、スペイン統治者が実施した調査によると一三〇万に減り、それから六〇年後の一六三〇年代にはわずか六〇万人に激減している。その原因は、現地王国の王位継承にともなう抗争での死亡、スペインの征服過程におけるインディオの殺戮などにあり、スペインは抵抗するインディオが一人のキリスト教徒を殺したならば、仕返しとして一〇〇人のインディオを殺害するという掟《おきて》すら定めたのである。

しかし、土着の人びとが激減した最大の原因はヨーロッパ人が持ち込んだ伝染病にあり、抗体を持たない彼らの多くが命を落としたのである。ジャレド・ダイアモンドがいみじくも指摘するように、「ヨーロッパからの移住者たちが持ち込んだ疫病は、彼らが移住地域を拡大するより速い速度で南北アメリカ大陸の先住民部族のあいだに広まり、コロンブスの大陸発見以前の人口の九五パーセントを葬り去ってしまった」(ダイアモンド二〇一二、上、一四一頁)のである。ある意味で、彼らはヨーロッパ勢力の征服と支配が世界に広がったことの最大の犠牲者だったのである。

ヨーロッパ勢力が支配者の時代に、世界全体の人口に新世界が占める比率が増えたことを明瞭に示す数字を挙げておこう。新世界に属するアメリカ、カナダ、オーストラリア、アルゼンチンの四ヵ国が、一八二〇年の世界人口に占める比率は一%にすぎなかったが、約一一〇年後の一九二九年には七

%へと上昇したことがそうである（『岩波講座　世界歴史』一九九七～、一九巻、杉原薫、二〇頁）。繰り返しになるが、これは決して「自然現象」ではなく、ヨーロッパ勢力の手による「人為現象」なのである。

これまでの世界史でも大規模な移動により、ある国や地域世界の民族構成の変容が起こっているが、それ以前との決定的な違いは、ヨーロッパが支配者の時代の移動は世界的規模の移動だったこと、それに、一つの地域世界全域に及ぶトータルなものだったことにある。ヨーロッパ勢力は植民地で大規模な一次産品開発を進めて、ジャングルや荒地を緑豊かな農園に変えて自然の景観を変えたが、同様に、新世界の民族構成も自分たちの都合と利益に沿って作り変えたのである。

ヨーロッパ勢力の新世界への移住の論理

ヨーロッパが優位勢力時代に起こった歴史的な民族構成の変容について、イギリス人歴史家のJ・M・ロバーツはヨーロッパ勢力の観点に立って、次のようにさらりと言いのけている。

> 地球の西半球全体には、新たな文明の担い手となるのにじゅうぶんな数の人びとがすでに移り住（み）……北米大陸では旧イギリス植民地から新しい国が生まれ、南米大陸ではスペイン人がふたつの成熟した文明を滅ぼして、代わりにみずからの文明を植えつけていた……。ヨーロッパ諸国の植民地建設に始まる、この世界史上の巨大な潮流は、ほぼ完全に一方通行のものでした（ロバーツ二〇〇二～、六巻、一八二～一八三頁、括弧内は引用者）。

同様に、カナダ出身でアメリカ人の歴史家のウィリアム・マクニールも、次のように言っている。

文明社会につきものの疫病がオーストラリアや南アフリカ、南北アメリカなどの地域の土着民人口を激減させた結果、地球上のこれらの広大で肥沃な地域がなかば無人の状態になっていたことによって初めて可能であった。なぜならばその結果、ごくわずかな軍事力を用いるだけで、これらの半ばがらあきになった土地に植民し、開発することができた（マクニール二〇一四、下、八七〜八八頁）。

二人の歴史家がともに、移住が、あたかも自然現象であるかのように描写しているが、確かにヨーロッパ中心史観からすると、このように映ることを否定できない。しかし、七つの地域世界と支配＝被支配関係の視点からすると、移住は支配者であるヨーロッパ勢力の、他の地域世界に対する文明化の論理と暴力が混在する形態で行われたものだったことを、見逃すわけにはいかない。スペインによるラテン・アメリカのインディオの征服とスペイン人の移住は、その典型である。スペイン人の同地への移住にさいして、その根拠となったのは、インディオにスペイン国王への臣従と帰順を勧め、それに従わない場合、彼らを殺したり奴隷にしたりすることになるという通達（降伏勧告書のこと）であった。住民たちがそのような理不尽な通達を即座に履行しなかった場合、キリスト教徒（スペイン）はそれを理由に、彼らを国王陛下に背く謀反人、反乱者と決めつけたのである（ラス・カサス一九七六、六七〜六八頁）。

同様に、イギリスもインディアンの抵抗を理由に、力による土地の収奪を正当化した。

キリスト教徒たるイギリス人は、異教徒インディアンから土地を奪取する権利を、元来もっていなかった。というのは、土地の所有権は神における権利でなく、自然における権利だからである。……イギリス人は神の意志を知るキリスト教徒として、この土地を耕す義務……、インディアンを自然状態からキリスト教文明の状態に引き上げる義務を負うている。……（しかし、インディアンは）イギリス人に刃向った。いまやイギリス人は、事実思うがままにふるまう権利がある。……「思うがままにふるまう」とは、……戦争の権利によって、国際法によって、この国を侵略できるし、われわれを殺そうとした彼らを殺してよいことであった（『岩波講座　世界歴史』一九六九〜、一六巻、富田虎男、二四五〜二四六、括弧内は引用者）。

この支配者のイギリスにとって極めて都合がよい論理の下で、イギリスは「原住民の「清掃」とイギリス人の「植民」」（同、二三七頁）をセットで行ったのである。これまでの世界史は、中東、ヨーロッパ、それに第四章でみるアメリカの支配の下で、支配者の都合に合わせて様々な分野で造り変えが行われたが、三つの優位勢力のうちでは、ヨーロッパが支配者の時代に最も多くのものが造り変えられ、現代に住む我々は基本的にその価値観や社会環境の下にある。「はじめに」で述べた、近代ヨーロッパ中心史観もその一つ（産物）なのである。

6　ヨーロッパ勢力への反撃

中東勢力の支配に対して反発が起こったように、ヨーロッパ勢力の支配に対する反発も世界各地で起こったが、そのなかで最大のもの、かつヨーロッパ勢力の支配の終焉に繋がったのが植民地の独立である。早い国は一八世紀後半、遅い国は第二次世界大戦後に独立を達成したが、独立運動を支えたのが民族ナショナリズムであった。民族ナショナリズムとは外部世界の人間には我々を支配する権利はないという意識のことだが、これは国民国家を支える意識であり、近代ヨーロッパで誕生したものである。それなのに、なぜヨーロッパ勢力が支配した植民地で生まれたのだろうか。その一因は、ヨーロッパ勢力は植民地支配のために植民地国家を創って統治したことをみたが、そのさい植民地国家の原型となった近代国家と民族ナショナリズムが一緒に持ち込まれたことにある。ヨーロッパ勢力が植民地の統治支配のために持ち込んだ植民地国家（と民族ナショナリズム）は、植民地化されて支配された人びとが抵抗と自立（独立）を達成するさいの、最大の思想的武器になったのである。

ただ、ヨーロッパ勢力の植民地化が時間的に二段階過程だったように、独立も二段階過程を辿った。北アメリカのアメリカが一八世紀後半に、ラテン・アメリカは大半の国が一九世紀初頭に独立を達成し（第一段階）、アジアやアフリカなどは第二次世界大戦後に独立したからである（第二段階）。植民地の独立、すなわち、ヨーロッパ勢力が主導する支配＝被支配関係からの脱却は、北アメリカ―

ラテン・アメリカ―中東―オセアニア―アジア―アフリカという順番で、約一五〇年の時間をかけて達成されたものなのである。

アメリカとラテン・アメリカの独立

植民地のうちで最も早く独立したのが、ヨーロッパの後に優位勢力となるアメリカである。独立運動の発端は、これも世界史における周知の事実だが、イギリスがアメリカ植民地を確保する契機となった対フランス戦争で要した高額の戦費の補填や、アメリカ統治における財源確保を目的に、イギリス議会への代表権を持たないアメリカ植民地に課税を導入したこと、それに、アメリカ植民地が西部に領土を拡大することを規制したことにあった。この措置に対し、「代表なきところに課税なし」とアメリカが反発して、一七七五年に独立戦争が勃発し、翌一七七六年に独立宣言が行われた。イギリスへの対抗からフランスとスペインがアメリカに軍事・経済支援を行ったこともあり、八年間続いた独立戦争はアメリカが勝利して、一七八三年のパリ講和条約でイギリスは独立を容認したのである。

注目されるのは、アメリカの独立は、一六〇七年のバージニアの最初の入植から約一七〇年後、それに、イギリスがフランスとアメリカ植民地を競った七年戦争の勝利から、わずか一三年後のことだったことである。なぜこんなに早いのだろうか。その理由は、アメリカ社会の多数派を占めるイギリス人移民は、イギリスの社会文化価値の強い影響を受けながらも、第四章でみるように、自分たちはイギリスとは別の政治社会意識を持った「アメリカ人」であるという帰属意識を持つに至ったことにあり、これが独立へと繋がったのである。

ラテン・アメリカは次のような経緯によるものだった。フランス革命の混乱のなかから一九世紀初頭に独裁者ナポレオンが登場して、フランス軍がスペインを占領すると、ラテン・アメリカ植民地ではスペインの軍事力の空白が生じた。ラテン・アメリカ植民地はこの機会を捉えて一八〇四〜二一年の間に、ハイチ（フランス植民地で、フランス革命をきっかけにアフリカ人奴隷を主体に独立を達成した）、ドミニカ、ベネズエラ、アルゼンチン、チリ、コロンビア、ペルー、メキシコなど多くの国が独立したのである。

そのさい独立運動を主導したのが次の社会集団である。ラテン・アメリカでは、植民地統治のためにスペインから派遣された能力も教養もないペニンスラールと呼ばれた一群の人びとが、本国人であるという理由だけで政府や聖職の要職を独占し、農園や鉱山を経営するなど実際に植民地経済を担った現地生まれのスペイン人のクリオーリョは、その支配下に甘んじていた。そのため、次第にクリオーリョの間で本国生まれのスペイン人支配者に対する反発が生まれ、例えば、メキシコでは、自分たちを現地社会と一体化させて、スペインに滅ぼされたアステカ王国の継承者であると唱えるなど（『岩波講座　世界歴史』一九九七〜、一六巻、安村直己、一三五頁）、「アメリカ人」であるという意識を持つに至り、これが独立へと繋がったのである。そのさい、ラテン・アメリカ植民地の独立意識を促した出来事が、アメリカの独立とフランス革命、そして、独立運動を間接的に支援した勢力が、スペインの力を削いでラテン・アメリカでの経済的影響力を強めることを考えたイギリスとアメリカであった。ヨーロッパ勢力は新世界の植民地で互いに足を引っ張りあったわけで、これがアメリカ大陸の植民地を失う一因となったのである。

ただ、アメリカとラテン・アメリカの植民地が独立したとはいえ、独立運動の主体（あるいは一員）が土着の人びとではなく、アメリカはイギリス系人、ラテン・アメリカはクリオーリョと呼ばれる現地生まれのスペイン系人だったことに留意する必要がある。その理由は、すでにみたように、植民地化とともに土着のインディアンとインディオは少数派集団に転落し、独立運動が起こった時はヨーロッパ系人が多数派となっていたからである。そのため、土着の人びとの眼からすると、独立したとはいえ、支配者がそれまでのヨーロッパのイギリス人とスペイン人から、アメリカに移住したイギリス人、現地生まれのスペイン人に替わったにすぎないわけで、彼らは植民地時代と同様に、政治権力の外、すなわち支配される側の立場に置かれ続けたことに変わりはなかったのである。

アジア、アフリカ、中東の独立

アジアの植民地で独立運動が顕在化したのは二〇世紀初頭のことであり、それを促した要因が、第一次世界大戦後にアメリカのウィルソン大統領が「民族自決」の原則を打ち出したものの、この原則が植民地には適用されなかったこと、それに一九〇四〜〇五年の日露戦争でアジアの新興国日本がヨーロッパの軍事大国のロシアに勝利したこと、などである。これらにより独立運動が本格化したが、アジアで最も早く独立運動の組織化が起こった国がインドであり、実は、すでに一九世紀末に始まっている。その経緯は、インドで植民地支配に対する不満が高まると、イギリスは住民を宥和する目的で一八八五年にインド総督の諮問会議としてインド国民会議を設置したが、これに合わせてインドの知識人の間で自治を目指す政党組織として、インド国民会議派が創られたことにある。ただ、インドをはじめアジア各地の独立運動は軍事力を独占する植民地宗主国によって弾圧されたので、独立は一九四六年のフィリピンを先頭に第二次世界大戦後のことである。

アフリカの植民地の独立は、アジアよりもさらに遅い一九六〇年代のことであり、一九六〇年には一七ヵ国が独立したことから「アフリカの年」と呼ばれた。このうち一四ヵ国をフランス植民地が占めたが、その理由は、アフリカにはフランス植民地が多かったことに加えて、それまで植民地の独立に難色を示していたフランスが、同年に植民地政策を変更したので、多くの国が独立したことにあった(平野二〇〇二、二九八頁)。そして、他の地域世界に比べてアフリカの独立が遅い一因は、植民地時代にアフリカ社会が多様な民族からなる多民族社会に変容したため、独立運動の担い手がどの集団なのかという問題を抱えていたことにあった。

中東の植民地の独立は、アジアやアフリカよりも少し早い第一次世界大戦後のことである。その理由は、そもそも中東の植民地化が七つの地域世界のなかで最後だったことに加えて、第一次世界大戦が勃発するとオスマン帝国の支配に反発する中東の各地域はイギリスやフランスの協商国側についたが、協商国陣営が勝利すると保護国(植民地)となり、ほどなくして独立を与えられたことにあった。アフガニスタンを先頭に、エジプト、レバノン、イラクなど多くの国が一九一九〜三〇年の間に独立(自立性の回復)を達成したのである。

オセアニアの植民地の独立は、オーストラリアは一九三一年、ニュージーランドも一九四七年と、イギリス人移民が多い両国は比較的に早かったが、それ以外の土着の人びとが多数派を占める国は、大半がアフリカと同様に一九六〇年代以降に独立したものである。

衰退要因

世界史上初めて世界の全域を軍事的、政治的、経済的、文化的に支配下に置いたヨーロッパ勢力だが、第一次世界大戦が勃発すると優位勢力としての地位が大きく揺らぎ、第一次世界大戦が終了した一九一八年には、その地位を失ったのである。ヨーロッパ勢力の衰退要因として様々な点が指摘されているなかで、ここでは七つの地域世界との関連で二つを挙げておきたい。

一つが、ヨーロッパ勢力の内部対立である。他の地域世界との比較でみると、ヨーロッパ勢力は中東勢力に対する十字軍の派遣など、地域諸国がまとまりを持っていることに特徴があり、近代にも、一五世紀末に締結されたスペインとポルトガルの世界の二分割協定、一九世紀末のアフリカ分割を巡るヨーロッパ列強国が参加した会議など、外部世界に対してはまとまって行動することが多かった。しかし、これは他の地域世界に対した場合のことであり、ひとたびヨーロッパの地域世界内部に目を向けると、地域諸国の利害が対立して紛争や戦争が絶えなかったし、勢力争いは、ヨーロッパが優位勢力となり、世界を植民地化した後も止むことがなかった。その究極ともいえるのが、ほぼすべてのヨーロッパの国を巻き込んで二度に及んで戦った世界大戦である。第一次世界大戦でヨーロッパ諸国は、イギリス、フランス、ロシアなどの協商国、それにドイツ、オーストリア＝ハンガリーなどの同盟国に分かれ、アジアの日本など三一ヵ国が参加して戦ったが、その原因は、ヨーロッパ地域世界内部での領土紛争や民族対立、それにヨーロッパの後発国（とりわけドイツ）が植民地の再配分を要求するなど、ヨーロッパ勢力間の権益の分配と植民地の争奪戦にあったのである。

第一次世界大戦のさいイギリスとフランスは、ドイツと戦う資金を調達するために、新興国アメリカから多額の借金をせざるを得ない状況に陥り、それまでの対アメリカ債権国から債務国へと転落したし、対外膨張政策を続けたロシアも一九一七年にロシア革命が発生して帝政が崩壊すると、新たに登場したのが、植民地主義を否定してヨーロッパ諸国との協調路線を拒否する共産主義政権だったし、第一次世界大戦で敗戦国となったドイツも、ベルサイユ条約により天文学的な額の賠償金を課せられて経済が破綻した。このように、第一次世界大戦でヨーロッパの主要国が軍事的、経済的に疲弊していたところに、それに追い打ちをかけたのが、それから約二〇年後に勃発した第二次世界大戦であった。総力戦となった第二次世界大戦におけるヨーロッパ諸国の疲弊度は、第一次世界大戦の比ではなかったのである。

ヨーロッパ勢力が二度の世界大戦で消耗したのは、第二章でみたように、中東勢力が様々な勢力に分裂して覇権を競って消耗したのとまったく同じ構図であり、ヨーロッパ勢力も地域世界内部の抗争で自滅したのである。アメリカの外交史家ジョージ・ケナンの言葉を借りると、「哀れな年老いたヨーロッパは、自ら棺桶に足を踏み入れた」(ケナン二〇〇〇、八六頁)のである。世界人口に占める比率も、一五〇〇年の一七・八%から、優位勢力の絶頂期ともいえる一九〇〇年には二四・七%へと増大したが、優位勢力を終えた二〇〇〇年は一一・九%に減少して(その一因は、新世界への大規模な移民にあったが)、マンパワーの分野でも減退が顕著なのである(リヴィ-バッチ二〇一四、三三頁)。

もう一つが、これとセットになったもので、いまみた植民地の独立である。世界全域に広がる植民地はヨーロッパ勢力の経済力の源泉となり、ヨーロッパ諸国が互いに対立と抗争を繰り返したにもかかわらず、国力を維持できた一因は植民地の貢献にあった。しかし、アメリカは一八世紀後半に、大半のラテン・アメリカ植民地は一九世紀初めに独立し、アジアなどでも二〇世紀になると民族ナショナリズム意識が高まり、独立運動が始まったことをみた。ヨーロッパ勢力は、一九世紀に勃発したヨーロッパ地域世界内部の戦争における損失は、アジアなどの植民地からの経済収奪で補うことができたが、第一次世界大戦後は、植民地の民族意識が高揚したため難しくなったのである。さきほどみたように、植民地の独立運動を支えた民族ナショナリズムは近代ヨーロッパで誕生し、結果的ながらも、ヨーロッパ勢力が世界に広めた政治理念だが、「ヨーロッパの文明（思想や制度、科学技術など）が世界中に広まっていくことが、やがて逆にヨーロッパの覇権を弱めることに」（ロバーツ二〇〇二〜、八巻、六頁）なったのである。歴史の皮肉としかいいようがないが、これが世界史における交流が持つ一つの側面であり、しばしば世界史は支配者の期待や思惑を裏切る形で展開するのである。

第四章　アメリカの時代——エア・パワーの登場

第二次世界大戦後、ヨーロッパ勢力に代わって新たな優位勢力となり、世界の支配者となったのがアメリカ合衆国である。その期間は第二次世界大戦が終わった一九四五年に始まり、威信が衰えたとはいえ現在も続いており、これまでのところ約七〇年である。

優位勢力としてのアメリカは、中東勢力がユーラシア大陸を舞台に他の地域世界を支配したのでランド・パワーに属したように、広大な北アメリカ大陸を拠点に台頭したのでランド・パワーの要素を持ち、ヨーロッパ勢力は海を利用して世界を支配したのでシー・パワーに属したが、アメリカも大西洋と太平洋を利用して世界各地を支配する能力を持っているのでシー・パワーの要素も持っている。これに加えて、第二次世界大戦後に本格的に発達した空の分野でも世界最高の空軍力を保有して、地球のどの地域にも到達できる能力を持ち、これまでの優位勢力にはなかった歴史上初めてのエア・パワーの要素も備えている。アメリカは、現代世界の三つの軍事パワーをすべて備えていることが特徴である。

世界史がユーラシア大陸史として始まり、中東やアジアに文明が誕生して国家が登場した時代はむろんのこと、ヨーロッパ勢力が世界史の主役に躍り出ようとして活動を始めた一六世紀ですら、北アメリカは世界文明の周辺地域、というよりも世界が知らない未開の地にすぎなかった。しかし、北アメリカ地域世界に一八世紀後半に建国されたアメリカ合衆国は、それからわずか一〇〇年ほどで世界の大国となり、第二次世界大戦後に新たな優位勢力として世界に君臨して支配するようになったのである。世界史でみると若い新興国にすぎないアメリカの勃興はどのようにして始まり、現在、どのように世界各地に介入しているのだろうか、また、優位勢力としてのアメリカの特徴は何であり、どのような理念を掲げて世界を支配しているのだろうか。本章ではこれらを考えてみたい。

1　孤立主義からの転換

アメリカ社会と国家の形成

一七七六年に独立した時のアメリカ合衆国の国土は、大西洋に面した東部の旧イギリス植民地一三州からなる小さいものだったが、その後、イギリス、スペイン、フランス、メキシコなどから戦争、購入、割譲を通じて中部や太平洋岸の西部に拡大し（一八一二年のアメリカ・イギリス戦争のさいは、イギリス植民地カナダの獲得をめざしたが失敗した）、一八五三年に、アラスカを除く北アメリカ大陸における現在の国家領域が出来上がったものである（独立時の約六・五倍の面積）。この間に国内では、東南部に住んでいたインディアンを一八三〇年の強制移住法などで内陸の中部などに移住させて、東部を中心にヨーロッパ人社会を創り上げたことはすでにみた。

七つの地域世界の観点からすると、現代アメリカ社会には二つの特徴がある。一つが、世界でも稀な多様な民族構成であることだ。二〇〇〇年国勢調査によると、土着のインディアン（〇・七％）は極端に少なく、白人系（ヨーロッパと中東）（六九・一％）、黒人系（アフリカ）（一二・〇％）、ヒスパニック系（ラテン・アメリカ、ただし大多数はインディオ系メキシコ人）（一二・五％）、アジア系（三・六％）、その他（二・一％）と、世界のすべての地域世界の出身者で構成される典型的な多民族社会である。もう一つが、しかし、社会の多数派を占めるのが、ワスプ（WASP。白人、アングロ・サクソン、プロテスタントの略）と呼ばれるイギリス（ヨーロッパ）系人であり、独立を主導したのも、そして現在、政治と経済と社会の実権を握っているのもこの集団だということである。

独立当初のアメリカは、製造業や商業を基盤にする北部地域と、アフリカ人奴隷を使った農園を基盤にする南部地域の二つに分裂していたが、現代アメリカのかたちを決めることになった出来事が、奴隷制の是非を巡って北部勢力と南部勢力が一八六一～六五年に戦った南北戦争の内戦である。戦争は両軍合わせて六二万人の死者が出る壮絶な戦いだったが、人口や工業生産力の面で南部勢力を上回っていた北部勢力が勝利し、戦争中の一八六三年には連邦政府が奴隷解放宣言を行い、自由を掲げる現代アメリカの基礎が創られたのである。

すでに、南北戦争が勃発する前の一九世紀半ばに、広大で豊かな国土を持つアメリカは世界最大の農業国になっていたが、国内の政治統一を達成すると、北部地域を中心に精力的な工業化が進められ、一九世紀末には優位勢力となるだけの経済力を持つに至った。そのさい、アメリカの工業化は、ヨーロッパ諸国のように海外（植民地）に依存することなく、もっぱら国内の国土を基盤に達成されたことに違いと特徴がある。国内には鉄など工業の原材料、石油、石炭、天然ガスなどのエネルギー資源が豊富だし、中西部のグレート・プレーンズと呼ばれる世界有数の穀倉地帯が農業を支え、一八六九年に完成した東部と西部を結ぶ大陸横断鉄道がヒトの移動や物流を促進した。この結果、世界の工業生産高に占めるシェアは、一八四〇年は第一位イギリスの二一％に対し、アメリカはわずか五％でしかなかったが、一八九六／一九〇〇年にはイギリスが二〇％（第二位）に留まったのに対し、アメリカは三〇％で第一位に躍進したのである。

このようにアメリカは農業国から工業国へと転換し、一九世紀末にはイギリスを抜いて世界最大の工業国となり、第二次世界大戦後に優位勢力として世界に君臨しているが、アメリカの国力がいかに強大であるかは、一九五〇年代のアメリカの人口は世界全体の約六％にすぎないが、工業生産高は世界全体の五〇％を超えていることからもよく分かる。大規模な経済産業活動のためには多くの人口（マンパワー）を必要とすることはいうまでもないことだが、世界各地から絶えることなく流入した移民がその供給源の役割を果たした。すなわち、人口は一八〇〇年には五二五万人だったが、七〇年後の一八七〇年には約八倍の四〇〇〇万人ほどに増え、一八六五年から五〇年ほどの期間に、二五〇〇万のヨーロッパ人移民が新規に到来したのである。アメリカは多民族社会であると同時に、移民社会でもある。また、二度にわたってヨーロッパで世界大戦が発生すると、多くの有能な専門家や科学技術者、とりわけナチスの迫害を逃れたユダヤ人や自由主義のドイツ人が移民や亡命をし、彼らがアメリカの科学技術や軍事産業の発展に大きく貢献した。ある意味では、ヨーロッパ勢力の秀でた頭脳がアメリカに移植されたのである。

当初の孤立主義

第二次世界大戦後、アメリカは他の国を圧倒する軍事力を武器に世界各地の紛争に介入して、国際社会で警察官の役割を果たすようになるが、しかし最初からそうだったのではない。独立当初は、ヨーロッパなどユーラシア大陸の出来事に関与することを避ける政策が採られたからである。これは「孤立主義」と呼ばれたが、それがどのようなものか、初代大統領ジョージ・ワシントンが一七九六年に行った大統領告別の辞で明瞭に述べている。

外国との関係においてわれわれがとるべき第一の行動原則は、通商関係を結びながらも、政治的繋がりは最小限に止めるということです。……われわれとはほとんど関係の無い利害をヨーロッパは独自に有しています。……したがって、ヨーロッパと不必要な同盟関係を結び、そこで起きる不断の政治変化や友好国あるいは敵国との同盟敵対関係に不用意に巻き込まれるのは、賢明なこととは言えません。ヨーロッパと大西洋で遠く隔てられたことにより、われわれには模索すべき別の道が開かれており、実際にその道を歩むことができるのです（歴史学研究会編二〇〇六〜、七巻、三六〇〜三六一頁）。

孤立主義は、一八二三年に当時のモンロー大統領によって再表明されたので、「モンロー主義」ともいわれるが、当初、アメリカの国際関係の基本的スタンスは、現在とは違い、非同盟の立場を採ってヨーロッパの出来事から孤立すること、ヨーロッパ勢力のラテン・アメリカ地域への介入に反対することに置かれていたのである。これは、「(独立したばかりの)新興国の保身のための現実的政策であったが、それはまた新世界の共和国は旧世界の君主国が形成する国際関係から超然としているべきだという考えに基づ」(有賀・宮里編一九九八、三頁)くものでもあった。この立場からアメリカは、ヨーロッパ諸国が戦った第一次世界大戦で当初は中立の立場を採ったし、戦後の一九一九年にウィルソン大統領が提唱した国際連盟にも、議会の反対で参加しなかった。議会の反対理由は、国際連盟に加盟するとヨーロッパなどの出来事への関与を迫られること、アメリカ大陸の問題にヨーロッパなどが干渉する事態になることを恐れたことにあった。ヨーロッパが優位勢力の時代のアメリカは、ヨーロッパ諸国と距離を置く政策がアメリカの国益に最も適《かな》っていると考えていたのである。

世界大戦への参戦

しかし、第一次世界大戦で、ドイツ潜水艦の無差別攻撃によりアメリカ商船が沈没した事件をきっかけに、アメリカは一九一七年にイギリス・フランス側に立って参戦すると、二〇〇万人のアメリカ兵をヨーロッパ戦線に派遣し、それに海軍力も増強されて、第一次世界大戦を契機に軍事力が整備・強化された。また、それまでアメリカは工業化に必要な資金をヨーロッパ諸国に依存していたが、第一次世界大戦時における軍需産業の発展とヨーロッパ諸国への武器輸出により債務国から債権国へと転換し、世界を支配するヨーロッパ勢力に対して経済的に優位な立場へと入れ替わった。一九二九年にアメリカで始まった世界大恐慌でアメリカ経済は停滞したが、その後、立ち直り、第二次世界大戦でヨーロッパ勢力が完全に疲弊すると、世界最大の経済力と軍事力を持つアメリカは国際社会で主導的役割を果たす方針へと転換したのである。

アメリカのこの歴史的な方針転換の背景には、第二次世界大戦が終了した直後から、一九一七年のロシア革命で誕生した社会主義国ソ連が、世界を共産主義化しようとして国際社会で積極的な行動を開始したことへの懸念があった。この懸念を最初に明確に表明したのが、一九四六年三月にイギリスのチャーチル首相が、ヨーロッパのバルト海からアドリア海にかけてソ連の「鉄のカーテン」がおろされているとソ連を批判する演説を行ったことであり、これを受けて、翌一九四七年三月にアメリカのトルーマン大統領は共産主義の「封じ込め」政策を発表したのである。自由主義と資本主義を国是にするアメリカは、共産主義を掲げるソ連とイデオロギー、軍事、政治経済などあらゆる分野で全面的に対立したが、これが冷戦である。アメリカは、冷戦でソ連を抑え込み、アメリカの国益を確保するには国際社会に積極的に関与して、アメリカ主導の下で世界の秩序を構築・維持する必要があると考えたのである。これが、アメリカが世界に介入・支配した理由の第一段階である。

第二段階が、ソ連が崩壊して冷戦が終焉した一九九〇年代以降から現在のもので、そこでの「主要敵」は国際テロリストとされた。ブッシュ大統領は二〇〇二年に次のように述べている。

前世紀の多くの期間、アメリカの防衛は、抑止と封じ込めという冷戦ドクトリンに依存していました。これらの戦略は、いくつかの場合にはなお適合していますが、新しい脅威には、また新しい発想を必要としています。……テロとの戦争は防衛だけでは勝利できません。われわれは、敵に戦いをいどみ、敵の計画を破壊し、最悪の脅威が現実化する前にそれらに立ち向かわねばなりません。われわれが参入したこの世界では、安全への唯一の道は行動の道であり、この国は行動します（歴史学研究会編二〇〇六～、一二巻、一〇五頁）。

これが語るように、冷戦終焉後は世界各地で頻発する、欧米諸国の支配に反発するテロリストとの戦いが、世界に介入する理由とされたのである。すでに一九世紀末に優位勢力としての力をつけていたアメリカの世界における行動範囲は、当初はラテン・アメリカに限定されていたが、第二次世界大戦後に、いまみた理由で世界全域に広がり、世界最強の軍事力をもとに世界各地の紛争に介入して、世界をアメリカの望む方向へと誘導することを試みているのである。

2　世界各地への介入と支配

アメリカの介入・支配は、大きく軍事介入、政治介入、経済介入の三つの形態が用いられたが、具体的な形態は国や地域や問題によって使い分けられた。例えば、共産主義勢力や国際テロリストなどアメリカの対抗勢力や挑戦勢力に対しては軍事介入、アメリカにとり望ましい政治勢力を創出したいと考える地域や国に対しては政治介入、経済危機に陥った同盟国などに対しては経済介入（支援）といった具合である。ここでも、既存研究文献をもとに、軍事介入を中心に世界各地での介入・支配の概要をみることにする。

ラテン・アメリカ——パナマとキューバ

世界各地の地域世界のなかで、アメリカの介入・支配が最も早い時期に始まったのがラテン・アメリカである。なぜなのか、その理由は、アメリカが孤立主義を掲げたにもかかわらず、同じアメリカ大陸のラテン・アメリカを例外的に特別な地域とみなしたことにあった。これはニクソン大統領時代の一九六九年に発表された「ロックフェラー・リポート」からも確認できる。リポートは端的に、「歴史的に米国は他の米州諸国（ラテン・アメリカ諸国のこと）と特別な関係を持ってきた。それは、長期の交流、地理、特に西半球コミュニティ概念の心理的受容に根ざす。……西半球での建設的関係を維持できなければ、世界の他地域における秩序形成は覚束ない。更に、この特別な関係の維持の失敗は、西半球に真空状態を生み、外部の敵対勢力の影響を促すことになる」（歴史学研究会編二〇〇六〜、一一巻、二一二頁、括弧内は引用者）と述べて、ラテン・アメリカを特別視したのである。この観点からラテン・アメリカにおける介入・支配は優位勢力となる前の一九世紀末に始まったが、ここでは、パナマとキューバの例を取り上げる。

パナマは、次のような経緯によるものである。アメリカの国土は東西の方向に長く広がり、東部が大西洋、西部が太平洋に面しているので、海路を利用して主要都市のある東部から西部に行く場合、極めて遠回りの南アメリカ大陸最南端のマゼラン海峡経由のルートしかない。そのためアメリカは、海軍力や海運を効果的に展開するために、北アメリカ大陸と南アメリカ大陸の中間に位置する狭いパナマ海峡に目をつけ、大西洋と太平洋を結ぶ運河の建設を考えた。パナマ運河建設案は、もともとはスエズ運河を建設したフランス人のレセップスが発案したものだが、計画が頓挫するとアメリカが本格的に乗り出したのである。ただ当時、パナマはコロンビアの国土に属しており、コロンビア政府は建設に合意したが、議会がアメリカ案を拒否すると、アメリカは一九〇三年にコロンビアの政情不安に乗じて政治介入を行い、軍艦を派遣するなどパナマの分離独立運動を支援して独立させた。その後、独立国となったパナマとパナマ運河建設条約を締結し、運河沿いの土地を一〇〇〇万ドルで購入して、アメリカの領土としたのである。これは他国の侵略に等しい高圧的な介入といえるものだが、当時のアメリカ大統領は、ラテン・アメリカ諸国の悪行に対して文明国たるアメリカが国際的な警察力を発動したものという論理で正当化したのである（滝田二〇一四、五八頁）。

全長六四キロのパナマ運河は一〇年の年月をかけて一九一四年に完成して航行が始まったが、アメリカにとりパナマ運河の意義は、アメリカの東海岸からアジア太平洋地域に至る海路が、大幅に時間短縮されたことにある。これを世界の支配者の地政学的観点からみると、ヨーロッパ勢力（とりわけイギリス）がエジプトのスエズ運河開通により、それまでのようにアフリカ大陸南端の喜望峰を経由することなくアジアに到達できるようになったことに匹敵するものだった。シー・パワーのヨーロッパ勢力がスエズ運河を開通させたように、シー・パワーの顔も持つアメリカも同様のことを行ったのである（ただ、パナマなどラテン・アメリカ諸国のナショナリズムの高揚を受けて、一九九九年末にパナマ運河の所有権はパナマに返還された）。

一方、キューバは次のような経緯によるものである。キューバは、北アメリカ大陸東南端に突き出たフロリダ半島から、わずか一四四キロ離れた海上に浮かぶ東西に延びた島国である。一八九八年にキューバとスペインの間で独立戦争が発生すると、アメリカがキューバに加担し、これが、キューバが独立できた大きな要因となったが、アメリカが支援した理由の一つは、アメリカ南部の海域における安全保障に、キューバが地政学的に極めて重要な場所に位置していることにあった。第二次世界大戦後に冷戦が始まると、アメリカは自国の安全保障の観点から、ラテン・アメリカに共産主義政権や反アメリカ政権が誕生することに反対する姿勢を明確にし、万一誕生した場合は、介入してでも政権を転覆して親アメリカ政権を擁立する方針を掲げたが、その対象国となり、実際に介入が行われた国の一つがキューバである。

一九五〇年代末のアメリカのキューバ政策は、親アメリカとはいえ腐敗したバティスタ軍事政権を嫌い、フィデル・カストロ率いる革命勢力の支持に置かれていた。一九五九年一月にバティスタ軍政が崩壊して革命政権が成立したが、これはラテン・アメリカで最初に成功した社会主義革命だった。しかし、国内の社会改革を進めたカストロ政権がアメリカ系企業の接収など社会主義路線を採ると、アメリカは一九六一年にキューバと断交し、アメリカ主導で創った地域組織の米州機構からキューバを除名して、食糧・医薬品以外の全面的禁輸措置を採った。それだけでなく、カストロ政権の転覆を目的に、アメリカに亡命したキューバ人に軍事訓練を施してキューバ侵攻を支援することすら行ったが、これは失敗した。アメリカとの対立が深まるとカストロ政権はソ連に接近し、ソ連が、アメリカがヨーロッパに配置した対ソ連ミサイル網への対抗措置として、キューバに核弾頭を装備した中距離弾道ミサイル基地の建設を求めると、キューバは認めた。一九六二年にソ連がキューバへの核ミサイルの持ち込みを図ると、アメリカは艦艇一八三隻、軍用機一一九〇機を動員してキューバの周辺海上を封鎖し、実力で阻止する行動を採ったので、アメリカとソ連の武力衝突の危機が高まった。これが「キューバ危機」である。

危機はソ連がキューバへの核ミサイル持ち込みを断念し、アメリカもキューバに侵攻しないことを約束したので最悪の事態は避けられたが、「第三次世界大戦」の勃発かと世界を揺るがしたキューバ危機のそもそもの原因は、アメリカが自国の安全保障確保の観点から、隣国とはいえ独立国家のキューバに様々な介入を行い、アメリカの望む方向にキューバを変えようとしたことにあったのである（一九六一年に断交したアメリカとキューバの国交は、五四年後の二〇一五年にようやく再開された）。

ヨーロッパ——トルーマン宣言と戦後復興

ヨーロッパ諸国のなかでイギリスは、アメリカの「母国」とも、世界の支配者としてのアメリカの最大の「同盟国」ともいえる国である。アメリカはこの観点からイギリスを含むヨーロッパに様々な介入を行ったが、アメリカのヨーロッパ地域世界に対する介入・支援は、優位勢力の交替を世界に明瞭に示した象徴的な出来事でもあった。

介入は、第二次世界大戦で疲弊したヨーロッパ諸国の経済再建を支援する目的で行われ、その開始を告げたのが一九四七年三月の「トルーマン宣言」である。これはアメリカのトルーマン大統領が、ソ連の影響力の拡大を防ぐために、財政難に陥ったイギリスに代わってギリシアとトルコに対する軍事援助を引き受けたもので、トルーマン大統領はその理由として、アメリカが主導して全体主義（共産主義）からヨーロッパの自由主義世界を護ることを挙げた。この背景には、それまで世界の支配者だったヨーロッパが、冷戦が始まると、自由主義陣営と社会主義陣営の二つに分裂して鋭く対立したことがあった。

トルーマン宣言から三ヵ月後の一九四七年六月には、ヨーロッパ諸国の経済の立て直し、かつ共産主義勢力の勢力拡大を阻止することを目的に、大規模な経済援助のマーシャル・プランが発表された。マーシャル国務長官はその目的について、「(ヨーロッパが) もし大規模な追加援助を受けられないと……深刻な事態の悪化に直面する。……ヨーロッパの人々が絶望に陥った場合に、世界全体に士気の低下が起こり……アメリカ経済に悪影響が及ぶことは……明らかであろう。……援助は、単なる対症療法ではなく根本的な治療を与えるものであるべきである」（歴史学研究会編二〇〇六～、一一巻、六七頁）、と述べて、アメリカ主導の下で、かつての優位勢力のヨーロッパを、アメリカ陣営の一員として立て直す意図を隠そうとしなかった。

当初マーシャル・プランは、ソ連・東欧諸国を含むヨーロッパ地域世界全体に対する復興支援計画とされたが、アメリカの援助のねらいがソ連への対抗にあることが判明すると、ソ連・東欧諸国が参加を見送ったので、実際には自由主義国に対する支援となった。一九四八～五二年の期間、一三〇億ドルの経済援助が行われ、大半をイギリス（全体の二五・五％）、フランス（二〇・〇％）、イタリア（一一・〇％）、西ドイツ（一〇・八％）、オランダ（八・七％）など、アメリカの同盟国が占めたのである。

アメリカはヨーロッパの同盟国に対して軍事支援も行った。七〇億ドルを超える軍事援助に加えて、ソ連など社会主義国の攻撃からヨーロッパの自由主義国を護ることを目的に、一九四九年に北大西洋条約機構（NATO）を創設して、カナダと共に参加したことは、その主なものである。条約は第五条（武力攻撃に対する共同防衛）で、「締約国は、欧州または北米における一または二以上の締約国に対する武力攻撃を全締約国に対する攻撃とみなすことに同意する」（歴史学研究会編二〇〇六～一一巻、七七頁）、と明記して、ヨーロッパ地域世界（の自由主義国）と北アメリカ地域世界の安全保障の一体性が強調されたのである。

一九九一年のソ連崩壊後は、北大西洋条約機構は社会主義陣営の脅威に対する安全保障組織から、ヨーロッパにおける紛争対応のための集団安全保障組織へと変容したが、アメリカがヨーロッパに強い関心を持ち、積極的に関与してアメリカの影響下に置く姿勢を持っていることは現在も変わりはない（一例を挙げると、二〇一四年にロシアが介入して発生したウクライナ問題）。

アジア――ベトナムでの失敗

北アメリカ大陸に位置するアメリカは、ヨーロッパやラテン・アメリカとの歴史的、地理的、民族的関係は深いが、広大な太平洋を隔てたアジアとの関係は、一九世紀末のフィリピン領有と東アジア地域への経済的関心の表明を除くと希薄だった。しかし、冷戦が始まると世界で最大の人口を持つアジアへの関心を強め、アジアで共産主義勢力が拡大することを防ぐために軍事介入を行った。その代表が、一九五〇年代の朝鮮戦争と一九六〇・七〇年代のベトナム戦争であり、これは冷戦の舞台がヨーロッパからアジアに移ったことを反映したものでもある。実際に、アメリカの世界各地に対する軍事援助は、一九五三年はヨーロッパが七四・二%、アジアが一二・八%だったが、二年後の一九五五年にはヨーロッパが三四・八%に減り、逆にアジアが四八・九%へと増大している（松岡二〇〇一、二〇三頁）。ここでは、軍事介入の例としてベトナムをとりあげる。

ベトナムは一九世紀中頃に、カンボジアとラオスとともにフランス植民地となった国で、第二次世界大戦が終わった一九四五年にフランスが、日本の占領で中断していた植民地支配を復活しようとすると、北ベトナムを拠点にホー・チ・ミンが指導する共産主義勢力との間で独立戦争が始まった。北ベトナムとフランスの戦争は一〇年ほど続いたが、フランスは一九五四年に、ラオス国境に近い山岳地帯に、共産主義勢力を鎮圧する軍事拠点として築いたディエンビエンフー要塞を巡る戦闘で敗れると撤退した。しかし、これでベトナムが独立を達成したのではなく、その後は、一九四九年にフランスが支援して南ベトナムに樹立した反共南ベトナム国と、北ベトナム国との間で統一を巡る内戦が始まったのである。

当初、アメリカは反共勢力を後方から支援するスタンスを採っていたが、一九六一年に南ベトナム政府への軍事援助と軍事顧問団派遣を行い、一九六五年二月には北ベトナムに対する空爆を開始し、同年三月には南ベトナムに海兵隊を派遣して軍事支援を本格化させた。アメリカの介入理由は、もしベトナムが共産主義化したならば、次々と周辺東南アジア諸国が社会主義国となることを懸念したことにあり、これは「ドミノ理論」と呼ばれた。アメリカが南ベトナムに軍事支援を行うと、対抗してソ連も北ベトナムに軍事顧問団の派遣や兵器の支援、中国も軍備や食糧など大規模支援を行ったので、ベトナム戦争は冷戦を代表する代理戦争ともなったのである。

アメリカがベトナムに送り込んだ兵士数は、一九六五年の一二万五〇〇〇人から、翌六六年には三七万人、六八年末には約五四万人へと激増し、「ベトナムを石器時代に引き戻す」（松岡二〇〇一、七六頁）ことを目的に、一九六五〜七三年の間に北ベトナムに投下した爆弾の量は、第二次世界大戦のさいに全世界で用いられた量に匹敵するものだった。アメリカは圧倒的な武力を投入して共産主義勢力の鎮圧を目指したが、不慣れなジャングル戦やゲリラ戦に悩まされ、共産主義勢力を一掃できなかった。軍事的勝利の見通しが立たないなか、アメリカ国内で、本来アメリカとは無関係のアジアの小国ベトナムの独立戦争に介入することへの批判が高まると、一九七三年に北ベトナムと和平協定を締結して撤退を余儀なくされた。アメリカが撤退すると、軍事的、政治的後ろ盾を失った南ベトナムの反共軍政は崩壊し、一九七六年にベトナム共産党による統一国家が誕生したのである（カンボジアとラオスでも社会主義国家が誕生した）。

アメリカは約一〇年に及んだ戦争に、一四〇〇億ドルという莫大な金額を投入し（これは、マーシャル・プランによるヨーロッパ諸国への援助額の約一〇倍）、戦争の犠牲者は、アメリカ側が五万五〇〇〇人、南北ベトナム兵士が一一〇万人ほど、ベトナムの民間人が一〇〇万人ほどにも達した。なぜ、このような膨大なカネとヒトが、アメリカとはほとんど関係がないアジアの一地域に投入されたのかという疑問が湧くが、その理由は、冷戦における共産主義勢力の抑え込み、すなわち、世界をアメリカの意向に沿って動かすことにあったのである。

多大な戦費と犠牲者にもかかわらず、介入目的を達成できなかったベトナム戦争は、アメリカにとって世界各地における軍事介入の最大の失敗例となり、カーター政権の国務副長官を務めたジョセフ・ナイをして、「戦後最悪の国力の浪費」(ナイ一九九〇、二四一頁)、といわしめるものだった。なぜ戦後最悪の国力の浪費行為に及んだのかという疑問も湧くが、最大の原因はアメリカが専ら冷戦の視点からベトナムを見ていたことにあった。すなわち、「ホー・チ・ミンと彼の同調者はソ連の傀儡《かいらい》にすぎないし、したがって彼らによるヴェトナム制圧はソ連による征服に等しい(と確信し、)……ヴェトナムの共産主義者がマルクス主義イデオロギーよりもナショナリスト的衝動によって動かされている可能性を信じな」かった(ケナン二〇〇〇、二四七頁、括弧内は引用者)のである。アメリカは、かつてイギリス植民地として独立戦争を戦った経験を持つにもかかわらず、冷戦思考に深く浸っていたために、ベトナムで植民地支配からの脱却を熱望する民族主義者と戦っていたことを理解できなかったのである。

中東――石油資源をめぐって

アメリカにとり中東も、地理的にも政治文化的にも関係が希薄な地域世界である。一九四八年にユダヤ人国家のイスラエルがパレスチナの地に建国され、それに反発するアラブ人との間でパレスチナ問題が発生すると、アメリカはイスラエルの側に立って介入したが(アメリカにはユダヤ系の人が多い)、軍事介入は行われていないので、ここでは、イラクに対する軍事介入を取り上げることにする。アメリカの中東に対する関心は石油にあり、第二次世界大戦が終わった当初は、一大石油産出国のサウジアラビア、それに地域の歴史文化大国で石油資源も豊富なイランを、中東における同盟国とする戦略がとられたが、一九七九年にイランで親アメリカ国王の独裁に反対する革命が起こり、反アメリカのイスラーム政権が誕生すると、イランの隣国イラクを中東における拠点の一つとする戦略へと転換した。この立場からイラクに軍事支援を行ったが、しかし一九九〇年代になると、イラクの独裁化したサダム・フセイン大統領の排除が最大の目標となり、二回にわたり軍事介入を行ったのである。

第一章でみた、中東における文明発祥地のメソポタミアに、一九三二年にイギリス植民地から独立して王国となったイラクは、一九五八年の革命で共和国となったが、一九六八年にバアス党の一党独裁体制へと転換し、一九七九年にはフセインが大統領に就任した。アメリカが、反アメリカに転じたイランを牽制するために、フセイン大統領に軍事支援を行うと、いつしかイラクは中東の軍事大国にのし上がっていたのである。

アメリカの援助で増強した軍事力を背景に、イラクは一九九〇年八月に南の隣国の小国クウェートに侵略して併合したが、併合理由は、オスマン帝国時代にクウェートはイラクの一地域だったというものである。これに対して国際連合が、イラクの非難決議と経済制裁を行ったが効果がなく、世界の警察官を自任するアメリカがフセイン大統領の排除に乗り出して、湾岸戦争が起こったのである。アメリカの軍事介入は、エジプトやシリアやイギリスなど三八ヵ国からなる多国籍軍の形態が採られ、一九九一年一月にイラクの主要軍事施設への空爆が開始されて、空から軍事施設を徹底的に破壊した後で地上軍を投入してイラク軍を殲滅すると、同年二月二八日にイラクは降伏した。ベトナム戦争と違い、湾岸戦争ではアメリカは短期間で満足のいく介入の成果を得たのである。

しかし、湾岸戦争での完敗後もフセイン体制が生き残ったことから、アメリカは再度、軍事介入を行った。その口実として、二〇〇一年に中東のイスラーム過激派勢力がアメリカの主要都市を攻撃した「九・一一同時多発テロ」が使われ、テロ勢力の背後には核兵器や化学兵器の開発を進めて大量破壊兵器を所有するイラクがいたとして（酒井二〇〇二）、二〇〇三年三月にイラク攻撃を開始した。湾岸戦争と同様に、イラクの主要軍事施設に対する空爆から始まり、その後、地上軍が展開する作戦が採られ、アメリカはフセイン体制を崩壊させてアメリカ主導で新政権を樹立したのである（二〇〇三年末には国内に潜伏していたフセイン大統領がアメリカ軍によって捕らえられ、後にイラク政府の手で処刑された）。

中東におけるアメリカの軍事介入は、フセイン大統領時代だけでなく、現在も「イスラーム国」などの勢力に対して行われているが、いまみた二つの戦争は、これまで世界各地での介入理由だった共産主義勢力の脅威でも、アメリカの安全保障に対する直接的脅威でもない。あえて挙げると、中東にアメリカに好都合な地域態勢を創りだすために、最初はフセイン大統領を利用したが、アメリカの意図に反して望ましくない行動をとるようになると排除したというのが理由になる。イラクもまた、アメリカの意向に即して世界を動かそうとしたことの一つの例なのである。

アフリカ——人道的介入の無残な結果

アフリカは、社会文化の面でも世界戦略の面でも、アメリカの関心と関係が最も弱い地域世界だが、アフリカでも軍事介入を行った。その一つが、一九九二年のソマリア介入である。ただ介入理由は、これまでとは違い、内戦で生命の危機に陥っている住民を助ける人道的介入にあり、ここでは世界の警察官のアメリカが前面に出されるものだったことに特徴がある。

ソマリアは、アフリカ大陸東部の「アフリカの角」と呼ばれる場所に位置する、人口一〇八〇万人ほどの、国民の九九％をムスリムが占める小国である。そもそもソマリアはアラビア半島に住んでいた遊牧民が一〇〜一四世紀の頃に移住して創った国であり、見方によっては、中東地域世界の一員ということもできるが、ヨーロッパ勢力が世界を支配した時代には北部がイギリス、南部がイタリアの植民地となった。アフリカの独立の年となった一九六〇年に、南北に分かれていた国が合併して現在のソマリアが誕生したが、隣国の大国エチオピアとの領土紛争が発生するなど政治混乱が続くと、一九六九年にクーデタが発生して独裁政権が誕生した。一九九一年に独裁政権が崩壊して諸勢力の間で内戦が始まると、国民は治安の悪化、飢餓、難民の流出などの苦境に陥った。そのため国際連合が内戦の調停に乗り出したが失敗に終わると、多国籍軍を派遣して内戦を終結させる方針へと転換し、一九九二年一二月に多国籍軍が派遣されたが、その主力が約二万八〇〇〇人の兵士を送り込んだアメリカだったのである。

この経緯が語るように、アメリカがソマリアに介入したのは、共産主義勢力の脅威のためでも、アメリカの安全保障への脅威のためでもなかった。「テレビでは昼も夜もソマリアの映像を流していた。飢えのために死んでいく人たちの姿に、我々は心を痛めた。……ソマリアの内戦に介入するのは気が進まなかったが、この地獄絵のような状況に終止符を打つことができる国は、どう考えてもアメリカしかなさそうだった。……ソマリアの治安を回復し、……飢餓に苦しむソマリア人民のもとに食糧が届くようにすること」（小池二〇〇四、三二～三三頁）、が介入理由だったのである。これは、ジョージ・ケナンにいわせると、「アメリカ人が陥りやすい」、「自分たちほど恵まれず、より後進的と思われる他の国民に対する慈悲深い後援者、慈善家または教師をもって自任することによって得られる喜びから生じ」る、「国民的なナルシシズム」（ケナン二〇〇〇、二三七頁）、でしかなかったが、世界の支配者でも、国際社会の秩序を維持する警察官でもあると自負するアメリカは、前年の一九九一年にイラクに軍事介入して「完勝」したばかりであり、アメリカの力をもってすれば世界をどのようにでもできると自信満々だったのである。

しかし、アメリカの意に反して、善意の人道的介入は無残な結果に終わった。多国籍軍が介入しても内戦がいっこうに終結しないことが判明すると、国際連合は一九九三年三月に介入の目的をソマリアの政治制度や経済を回復させることへと変更し、これを受けてアメリカは四五〇〇人ほどの兵士を支援部隊として残して、他の兵士を撤退させた。問題は、国際連合の新方針がソマリアに対する内政干渉とみなされて、外国人兵士がソマリア国民の憎悪の対象となったことにある。一九九三年八月に秩序回復作戦過程でアメリカ軍のヘリコプターが撃墜されてアメリカ軍兵士一八人が死亡すると、死体はソマリア人兵士によって市内を引き回され、それを見たソマリア国民が歓声を上げるという事件が発生した。これを映した衝撃的映像がアメリカ国内の茶の間のテレビに鮮明に映し出されると、アメリカは目的が未達成のままソマリアからの撤退を決めたのである。

撤退後のアメリカに残ったのは、「アメリカの国益には何ら得にならない作戦を、国際連合という厄介な国際機関の下で行った」（小池二〇〇四、四七頁）、という後悔、それに国際連合に対する嫌悪感だけであった。世界の警察官として、相手を圧倒する軍事力と善意さえあれば何でも解決できると信じるアメリカは、ヨーロッパ勢力が優位勢力の時代に植民地支配を経験した世界各地の人びとの間に芽生えた、不当と思われる外国の介入と支配を嫌う自立的な民族ナショナリズムに気づかなかったのである。

3 地理的優位性と経済力

オセアニアを除く五つの地域世界における介入・支配の事例が示すように、アメリカは圧倒的な軍事力を武器に、世界の国々をアメリカの望む方向へと誘導することを試み、「半世紀もの間、政治的自由と経済的秩序の保証人」(トッド二〇〇三、一九頁)の役割を自ら引き受けたのである。現代の国際社会においては、国際秩序の維持や紛争が発生した場合の調停役は国際連合の事務総長が担うように制度が作られているが、しかし国際連合は名目的存在でしかなく、実際には、世界の支配者のアメリカ大統領が自らの意志と判断で行っているのである。自国の意向と国益に沿って世界を動かし支配しているアメリカは、まさに現代の優位勢力といえるが、アメリカが優位勢力になれた要因、世界の支配者としての特徴は何だろうか、アメリカはどのような理念を掲げて世界各地に介入しているのだろうか、そして、もしあるとすれば、アメリカの限界は何だろうか。

優位勢力になれた二つの要因

アメリカが優位勢力になれた要因と世界の支配者としての特徴は密接に絡み合っているが、優位勢力になれた要因として、中東やヨーロッパの先行事例を念頭におくと、二つが指摘できる。

一つが、自然地理を活かした軍事力である。地理的にみると、「アメリカは東洋、西洋の旧世界に面しているのであり、東洋が太平洋に、西洋が大西洋に接しているのに対して、アメリカは両大洋に面し、その波がそれぞれ西部、東部の両海岸を洗っているという、唯一無二の地勢を有している」（『マハン海上権力論集』二〇一〇、九七頁）。これが他の地域世界と較べたアメリカの地理的（地政学的）な優位性である。その意味は、これまで大洋は世界各地の地域世界を隔て孤立させる要因として作用していたが、海洋の交通手段が発達すると、もはや交流の阻害要因ではなくなり、逆に交流の促進要因となったことにある。これを最大限に活用したのがヨーロッパ勢力であり、アメリカも大洋で隔たるヨーロッパやアジアの国を攻撃しようとした場合、それぞれ大西洋と太平洋を利用すれば可能なのである。

もちろん、そのためには強大な海軍力と空軍力を持つことが不可欠だが、海軍力は次のような経緯で整備された。一九世紀末にアメリカの海外膨張が始まった時、当時のアメリカ海軍長官は、「海は将来、帝国の中心となるだろう。我々はそのことを太陽が昇るのと同じくらい確実なことと考えるべきである」（油井二〇〇八、九八頁）、と断言している。この観点からアメリカは、二〇世紀初頭前後の時期に相次いで、アジア太平洋地域のフィリピンとグアムの植民地化、ハワイの併合、パナマ運河の建設などを行い、海軍力網を整備・強化したのである。この結果、アメリカは大西洋岸からヨーロッパを、太平洋岸からアジアを攻撃できるようになったが、これは二度の世界大戦が証明している。

空軍力は次のようにして獲得された。すでに第二次世界大戦前から世界の軍事領域が空にも拡大していたが、高度な科学技術力を持つアメリカはこの分野でも他の国を圧倒し、偵察衛星を使って世界のどの国の軍事的動きも常時観測して、アメリカ本土の基地や大洋を移動する空母に搭載した爆撃機、それに大陸間弾道ミサイルで攻撃する体制を創りあげた。これが意味することは、空のルートを使えば、海洋や山岳などの自然障害、それに他の地域世界の軍事的動きに妨げられることなく（もちろん、これは相手国がアメリカと対等な対空ミサイルを持っていない場合のことだが）、世界のどの地域のどの国でも随時攻撃できることにある（スパイクマン二〇〇八、一二三頁）。他方、これを世界の他の地域世界や国からみると、遠く離れた北アメリカ大陸から常に動きを監視され、いつでも攻撃される危険にさらされていることを意味したのである。

もう一つが、軍事力を支える経済社会力である。強大な軍事力を持つにはそれを支える経済力を必要とすることはいうまでもないことだが、アメリカは世界最大の経済大国として他の国を圧倒する国民総生産を誇り、一九五〇年には世界全体の四三・六％を占めていた。そして、石油化学産業、航空機産業、情報産業など現代の主要産業分野で世界的大企業を擁して、軍事産業分野だけでなく非軍事産業分野でも世界をリードしているし、アメリカの通貨のドルは世界経済の決済通貨の役割を担った。さらには、現代国家に不可欠な一次資源や食糧などをほぼ国内で自給できるので、他国に依存する必要がなく、これもまたアメリカの強みの一つとなったのである。
この究極形態ともいえるのが、「軍産複合体」と形容されるアメリカの軍部と産業が緊密に一体化した軍需生産体制である。アイゼンハワー大統領は一九六一年の告別演説で、軍産複合体が独り歩きしないように政治統制の重要性を強調しながら、その中身を具体的に説明している。

前回の世界紛争まで、アメリカ合衆国には兵器産業というものがなかった。……しかし現在では、……われわれは大規模な恒常的兵器産業を作り出さざるを得なくなっているのである。加えて、三五〇万人の男女が直接に国防関連の組織で働いている。軍事的安全保障のための年間支出額は、合衆国のすべての企業の純所得総額を上まわっている。巨大な軍事的組織と大規模な兵器産業のこのような結びつきは、アメリカでは初めての経験である。それがもたらす影響は経済、政治、精神のすべてに及び、……われわれの労働、資源、生活のすべてが、つまりは社会の構造そのものがそこに含まれている（歴史学研究会編二〇〇六～、一一巻、一一二頁）。

アメリカの指導者が認めるように、現代アメリカは世界史上に類がない兵器製造国家なのである。

優位勢力としてのアメリカの特徴

これまでの優位勢力の中東とヨーロッパは、軍事力や経済力だけでなく、教育文化力などでも世界をリードしていたが、これはアメリカも同じである。一例を挙げると、現代世界では英語が実質的な国際共通語となり、世界各地の非英語圏の若者の多くが英語国の大学教育を希望しているが、これに広く応えているのが英語の母国で、かつての優位勢力のイギリスではなく、現在の優位勢力のアメリカなのである。しかも、アメリカの大学で学んだ者のうち卒業後もアメリカに留まることを希望する者が少なくないので、彼らはアメリカに科学技術産業や知識産業における頭脳を提供していることになる。第二次世界大戦前・戦中にアメリカは、ヨーロッパから優れた頭脳を受け入れたことをみたが、第二次世界大戦後は非ヨーロッパ地域世界の有能な頭脳を引き寄せているのである。さらには、アメリカの多国籍企業が生産する大量生産・大量消費型の生活必需品や日常品が世界市場を席巻して、アメリカ型消費スタイルは世界各地の人びとのあこがれの的になっている。

これらは、軍事力と経済力と文化力が一体となって優位勢力としてのアメリカを支えていることを意味するが、アメリカの世界支配は、軍事支配、経済援助、文化浸透が「三位一体」で行われているものだ、という指摘がある。その意味は、軍事支配と経済援助がアメリカから他の国への一方向の流れであるのに対し、文化浸透は受け入れる側が自発的に取り入れたものなので、アメリカの高圧的ともいえる軍事介入と支配が世界の国々に受け入れられるうえで、文化浸透が一定の役割を果たしている、ということにある（『岩波講座　世界歴史』一九九七〜、二七巻、古矢旬、一六四頁）。

国際政治学者のハンス・モーゲンソーはこれを別の用語で説明している。モーゲンソーは文化力を文化帝国主義と名付け、次のようにいう。

文化帝国主義は、領土の征服や経済生活の統制を目的とはしない。その目的は、……人間の心を征服し制御することにある。……（そのため）A国は、その目的を達成するために軍事力で威嚇したりそれを行使したり、あるいは経済的圧力をかける必要などなくなるだろう。なぜなら、こうした目的、すなわちA国の意思にB国を従わせるということが、優越した文化の説得力とより魅力ある政治哲学とによってすでに実現されているからである。しかし、……現実には……文化帝国主義が近代において果たしている典型的な役割は、……敵を軟化させ、軍事的征服や経済的浸透のための下地となる（ことである）（モーゲンソー二〇一三、上、一六三～一六四頁、括弧内は引用者）。

アメリカは現代の軍事大国、経済大国であると同時に、文化大国でもあるわけで、これが優位勢力としてのアメリカの特徴だが、これはかつての優位勢力の中東勢力やヨーロッパ勢力とまったく同じなのである。

アメリカ軍の世界配置と介入形態

さきほどみた、アメリカの世界各地における軍事介入は、紛争や問題が発生するとアメリカ本土から軍隊を派遣する方式で行われたものだが、同時に、紛争の予防や素早い対応、敵対勢力の動きを監視・牽制することを目的に、世界各地の同盟国にアメリカ軍を常駐する方式も採られている。二〇〇一年現在、アメリカ本土に一四一万四一四九人の兵士がいるのに対し、海外駐留のアメリカ軍兵士は一九万六二四八人（本土の約一四％）おり、国別内訳は、第一位ドイツが五万三五〇〇人、第二位日本が三万六七〇八人、第三位韓国が二万八五〇〇人、第四位イタリアが一万八一七人となっている。海外駐留軍は西ヨーロッパと東アジアに重点的に配置されているが、その理由は、ソ連（ロシア）と中国を監視して抑え込むという、冷戦の発想の下で行われていることにある。ドイツと日本は第二次世界大戦のさいアメリカの敵国だったが、戦後はソ連と中国に地理的に近い両国を同盟国とする戦略が採られて、アメリカの海外軍事拠点としているのである。

最初の優位勢力の中東勢力の場合、征服・支配した国で自前の軍隊を創ったし、ヨーロッパ勢力も、植民地における住民の支配と秩序維持のために軍隊を創ったが、ともに軍隊の行動範囲は基本的に支配する国に限られていた。しかし、アメリカの軍隊は自国だけでなく、世界各地の同盟国に常駐しているし、その行動範囲も世界全域とされているのである。これは、交通手段の発達によって地球が「小さく狭く」なったことに一因があるが、より重要なのは、アメリカが世界史上初めて、軍事的に地球のあらゆる地域を監視・管理・影響下に置いていることである。これが、アメリカが「世界の警察官」と呼ばれるゆえんでもある。

世界各地におけるアメリカの介入は単独で行われたものもあるが（単独行動主義）、大半は、軍事介入は国際連合が組織した多国籍軍、経済介入は世界銀行と国際通貨基金（ＩＭＦ）などの国際経済機関を通じて行われている（国際協調主義）。アメリカは、一国だけで介入・支配できる軍事力や経済力を持っているのに、なぜだろうか。

軍事介入が多国籍軍方式であるのは、次の理由による。国際連合は、第一次世界大戦後に世界の平和と秩序を維持する目的で創られた国際連盟が、機能不全で失敗に終わったことへの反省から、原則的に世界のすべての主権国家を加盟国対象として、第二次世界大戦中にアメリカ主導で創られ、戦後の一九四五年一〇月に正式に発足した国際機関である。もし、アメリカが単独で介入した場合、紛争によっては介入した国だけでなく、世界の国々からも不当な介入であるという批判を受ける可能性があるが、国際連合の決議を受けた多国籍軍の形態を採った場合は、世界の国々の総意を受けた介入という正当性を演出できる利点がある。そのため、単独介入ではなく多国籍軍方式での介入なのである。ただ近年は、終章でみるように、第三世界諸国などの発言力が高まり国際連合をアメリカの意向に沿わせることが難しくなると、国際連合を無視したり邪魔者扱いしたりする行動をとることが増えて、「有志国連合」の介入形態も採られるようになっている。

国際経済機関を通じた経済介入は、次の理由による。第二次世界大戦中の一九四四年に、戦争終了後の世界の経済体制としてアメリカ主導でブレトンウッズ体制が創られたが、その二大支柱が、世界各国の通貨を安定させる国際通貨基金と、世界各国の復興と開発を支援する世界銀行である。二つの国際経済機関の目的は、第二次世界大戦の原因が、一九三〇年代に世界の主要国が不況を克服するためにブロック経済圏を作り、保護貿易に走ったことにあったとの反省から、国際協力の下で世界各国の通貨の安定、戦災からの復興、新興国の開発支援、自由貿易の促進などを行うことにある。そのため、経済分野でも、アメリカ単独で介入するよりも二つの国際経済機関を通じて介入した場合は、資金面でも圧力面でも、はるかに高い効果が期待できるので、協調介入の形態でアメリカが望む方向へと圧力をかけたり誘導したりしているのである（西崎二〇〇四、一一五〜一一六頁）。

国際連合と二つの国際経済機関がアメリカ主導で創られたこと、そして、その運営もほぼアメリカの意向に沿ったものであることもまた（ただし、近年は他の国や地域世界、とりわけ終章でみるように、第三世界諸国の発言力が高まり、これが難しくなっているが）、現在アメリカが世界の支配者であることを示している。

介入と支配の理念

アメリカの世界各地における介入と支配は、これまでみたように、アメリカの国益を確保するため、共産主義勢力や国際テロリスト集団など敵対勢力を一掃するため、アメリカが望む国際秩序を創出・維持するため、など様々な理由の下で行われているが、たとえ国際協調を通じた介入形態が採られたとしても、見方によっては、本来対等で平等な主権国家に対する侵害行為の側面があることを否めない。アメリカは介入と支配を正当化するために、どのような理念を唱えて世界の国々を納得させようとしているのだろうか。これを考えるには、アメリカ社会の歴史的性格をみることが役にたつ。

アメリカは世界でも稀な多民族社会であると同時に、社会の中核を占めるのが白人のキリスト教徒（プロテスタント派）なので、アメリカ社会は、イギリス（ヨーロッパ）社会の「スピンオフ」ということもできることをみた。しかし、共通性は社会文化的性格にとどまり、建国指導者の間では、政治社会的にアメリカは、ヨーロッパ（イギリス）とは異なる価値観を持った国であるという意識が強かったのである。これをよく示すのが、アメリカ独立宣言の起草者トーマス・ジェファーソンが次のように述べていることである。「アメリカはヨーロッパの利益とは異なる、固有の一連の利害を有しており、ヨーロッパのシステムとは異なった独自の別個のシステムをもつべきである。ヨーロッパは専制主義の砦たらんと努めるであろうが、われわれはこの西半球を自由の砦たらんと努めるべきである」（荒他監修二〇一二、五頁）、と。いうまでもなく、北アメリカがヨーロッパと大西洋を隔てた地に位置していることが示すように、アメリカとヨーロッパは別の地域世界に属している。これが意味することは、序章でみたように、ある地域世界の人びとの価値観や意識が、その地域世界が置かれた自然地理環境や歴史過程の影響を強く受けたものであることを考えると、たとえ民族的には同じだとしても、近代以降のアメリカとヨーロッパとでは、人びとの価値観や国家の理念が違っても不思議ではないことである。

それでは、アメリカの独自の理念は何だろうか。それは、ヨーロッパ勢力は、世界各地の遅れた地域を啓蒙して文明化することがヨーロッパの使命であると唱えて世界を支配したが、自前の文明を持たないアメリカが掲げたのが、自らの建国理念を世界に広めることである。すると、アメリカの建国理念はどのようなものかが問題になるが、これは日本のアメリカ研究者の間では、二つの点から説明されている。

一つが、建国に由来する使命感である。アメリカの建国者にはヨーロッパの王制や貴族制などの封建制度を批判し、自由な国をアメリカに創る意識を持った人びとが多数を占めており、彼らは建国理念として共和制と国民主権の民主主義を掲げたが、ここから自由と民主主義を世界に拡げることがアメリカの使命であるという意識が生まれたのである。これを裏付ける一つが、第一次世界大戦のさいのウィルソン大統領の言説である。ウィルソン大統領はアメリカが参戦した理由として、「究極的な世界平和のため」と「世界を民主主義のために安全にする」ことを挙げたうえで（有賀・大下編一九九〇、一二四頁）、アメリカが適切に指導すれば、世界のどの地域のどのような国もアメリカと同じ資本主義と民主主義を原理にする国になれる、世界の国々をこの方向に向かうべく指導するのがアメリカの使命であると言明したのである（紀平編一九九九、二七一頁）。

明白な天命

もう一つが、これと密接に絡んだ「マニフェスト・デスティニー論」で、これは「明白な天命」とか「膨張の天命」とか訳されている概念である。独立当初のアメリカは東部一三州からなる小さな国土で、その後、西部などに拡張して現在の領域が出来上がったことをみたが、国土拡張の論理は、アメリカは神に選ばれた特別な存在であり、自由を原理に創られたアメリカの国土が、北アメリカ大陸の西部に膨張することは明白な天命であるというものだった。これをよく語るのが、その例としてしばしば引用されることが多い、熱心な国土拡張論者の一人ジョン・オサリバンが、メキシコから独立したテキサスを併合して国土を拡張しようとするアメリカを批判した諸外国に対して一八四五年に行った反論である。オサリバンは次のようにいっている。

（諸外国は）われわれに敵対的な干渉の精神をもって、われわれの政策を妨害し、われわれの力を挫き、われわれの広大さに制限をつけ、年ごとに増加していく何百万もの人口の自由な発展のために神意によって与えられたこの大陸の上をいっぱいに広がって行くというわれわれの明白なる天命の実現を抑えようとしている（歴史学研究会編二〇〇六～、七巻、三七八頁）。

アメリカが世界に介入する理由との関連からして重要なのは、この明白な天命という考えが北アメリカ大陸における国土拡張に限定されることなく、海外（世界）にも適用されたことである。一九世紀末にアメリカがフィリピン、グアム、プエルト・リコなどの海外植民地を獲得したさい、当時、アメリカの一部の識者が、これを「明白な運命」と呼んだことは、その一例である（ケナン二〇〇〇、二一頁）。そして、第二次世界大戦後にアメリカが優位勢力になると、自由を世界に拡げることがアメリカの天命であるという考えが国是となり、世界各地での介入と支配が合理化、正当化されたのである。アメリカが第一次世界大戦に参戦する前の演説で、ウィルソン大統領が自由について、「これらはアメリカの原理でありアメリカの政策である。……これらは、人類の原理であり広がっていかなければならない」（カー二〇一一、一六三頁）、と述べているのは、第二次世界大戦後におけるアメリカ指導者の言説と行動を先取りしたものだったのである。

かくしてアメリカは、世界に対して自由と民主主義を広める義務があると唱えて介入・支配したが、そのさい留意する必要があるのは、この使命の下で行動するアメリカに抵抗したり挑戦したりする勢力に対しては、言葉による説得ではなく武力を用いてでも排除する必要がある、また、してもよいと考えたことである（ラコスト二〇一一、七九頁）。なぜなのか、その理由は次の点にある。すなわち、たとえアメリカの介入が他国を傷つけることになったとしても、「（アメリカが）周囲の世界に対してとった加害行為は、……他国を傷つけ、あるいは制圧しようという欲望があったためではなく、高貴な姿勢を打ち出すことで、自ら感銘を覚えようという意図から生じたもの」（ケナン二〇〇〇、二五五〜二五六頁）であるがゆえに、アメリカの行動に異議を唱えたり反対したりする国や勢力は敵でしかなく、容赦ない攻撃・排除対象とみなしたのである。

これは、第二章でみた、中東勢力がイスラームを世界に広めるための戦争行為は、神の意向にかなうものであるがゆえに正当化されると考えたこととほとんど同じである。

限界としての二つの顔

アメリカが自由を掲げて世界に介入・支配したとはいえ、国内ではそれと矛盾する顔を持っていること、それに、アメリカは世界の国々に対する原理的な限界があることを否めない。それを説明してみよう。

国内社会における自由と矛盾する顔は、現代アメリカ社会を批判する例としてしばしば指摘されているので周知のことだし、言い尽くされたものでもあるが、それでも繰り返し強調されなければならない。それが、土着のインディアンの抑圧と黒人に対する人間としての権利の否定である。すでにみたように、前者は、国土を西部に拡大する過程でインディアンを虐殺したり、東部に住んでいたインディアンを強制的に中西部に移住させたりしたこと、後者は、アメリカ南部地域で綿花などの農園労働者として働いていたアフリカ人に対する非人間的な扱いである。一九世紀初めにヨーロッパでは、奴隷は非人道的であるとの批判が起こり、イギリスは一八三三年に植民地における奴隷制の廃止を決めている。この時すでにイギリスから独立していたが、アメリカではむしろ奴隷制が強化されたのである。優位勢力となる前の一九世紀前半のことだとはいえ、後に世界に向かって人権や自由を掲げるようになるアメリカが、なぜ国内では奴隷制を維持したのだろうか。その理由は、奴隷制の積極的擁護論者の上院議員が一八五八年に議会で行った演説のなかに端的に示されている。

どのような社会においても、卑しい仕事や、生活に必要だけれども単調で骨の折れる作業に従事する集団が必要です。……彼らに必要とされるのは、単純な熱意、従順さ、そして忠節です。こうした集団がいなければ、進歩、洗練さ、文明を先導する優秀な集団も存在できません。この集団は、政治体制と社会の両方において、まさに最下層の人々です。どちらであれ、この最底辺の集団の上に築かなければ、あたかも空中に家を建てるのと同じになってしまいます。幸いなことに南部では、この目的に相応しい人種が見つかりました。それは明らかに劣等な人種でありながら、気質、熱意、従順さ、気候への順応性といった条件に適合しています。われわれは、彼らを奴隷と呼び、自らの目的のために使用しています（歴史学研究会編二〇〇六〜、七巻、二三九頁）。

この言説は、第三章でみたヨーロッパ勢力の人種差別の論理、それにフランス革命が掲げた自由と平等の適用範囲がヨーロッパ人に限定されたものだったこととほとんど同じである。ヨーロッパ社会のスピンオフのアメリカ社会は、無意識のうちに、人種差別の負の要素をヨーロッパ社会から継承したのである。少数派に対する抑圧や黒人差別は解消していないどころか、現在もアメリカ社会の底流に脈々と流れている。なぜ、世界史上で初めて世界に向けて自由を掲げたアメリカが、国内ではこれを克服できないのかという疑問が起こるが、その理由の解明は簡単ではないので、ここではただ次の点を指摘しておくだけにせざるを得ない。それは、自由や平等の理念は頭の中では理解できても、実際の行動において、仲間内だけでなく、世界のすべての人びとが認めるようになるのはなかなか難しいということである（これはアメリカだけでなく世界のすべての国の人びとにいえることでもある）。

アメリカには世界の国々に対する原理的な限界があるというのは、世界各地の社会や国家にとって、文化や宗教などが持つ意味を理解することが難しいことである。その一因は、現代世界のほぼすべての国が宗教文化を原理（共有価値）に創られているのに対し、世界各地の様々な民族や言語を持った移民からなるアメリカは、歴史上初めて自由や民主主義を原理に創られた国という歴史的な特異性に求められる。すなわち、アメリカが世界の他の国々のように特定の宗教や文化価値ではなく、自由という世界のすべての人びとに適用できる普遍的価値を原理に創られた国であることは、少なくとも表面的には、アメリカが宗教や文化に対して偏見を持つことがないので、民族紛争や宗教紛争が多発する世界のなかで、アメリカの強みの一つになっているが、同時に限界でもあることを否めない。その理由は、良くも悪くも、世界には特定の宗教や文化に依拠して行動する国や人びとが多いなかで、アメリカは、なぜ彼らがそれにこだわるのか理解することが難しいことにある。これが世界各地のアメリカの行動に対する批判や反発の一因ともなっているのである。

アメリカは世界をどのように変えたのか

優位勢力の中東勢力やヨーロッパ勢力が世界を変えたことをみたが、アメリカは世界に何を広めて、どのように変えたのだろうか。現在、世界各地でみられるアメリカ型の都市景観やアメリカ型消費文化は、その一つに挙げられる。移民社会でも多民族社会でもあるアメリカは、中東勢力やヨーロッパ勢力のように特定の宗教ではなく、ニューヨークの摩天楼を模した林立する超高層ビル群、世界のいたる都市で見かけるファストフードのマクドナルドの店、ハリウッド製の娯楽映画、世界中の若者が好むTシャツやジーンズなどの物質文明が、アメリカが世界に広めたものの代表なのである。しかし、第三章でヨーロッパ勢力の場合、政治と経済と社会をみたので、ここでも政治と経済にスポットをあてることにする。

アメリカが政治と経済の分野で世界に広めたものの代表として、さきほどみた、第一次世界大戦のさいのウィルソン大統領の言説に象徴されるように、民主主義と資本主義が挙げられる。これは、すでにヨーロッパ勢力が世界に広めたものなので、別段目新しくないように思うかもしれないが、その意味は、ヨーロッパ勢力が不完全な形で広めたにすぎなかった近代国家制度と資本主義を、アメリカが定着させたということにある。とはいえ、アメリカは第二次世界大戦後に優位勢力となったにもかかわらず、冷戦時代には民主主義と資本主義を掲げることをしなかったが、その原因は、第三世界諸国などで、ソ連の共産主義勢力の影響力や拡大を阻止するには、民主主義体制よりも、非民主主義体制（例えば、軍政）のほうが効果的であるという功利的な考えが優先されたことにあった。これもあり、冷戦が終焉してソ連の社会主義国家が崩壊した一九九〇年代以降になると、アメリカは民主主義と市場経済（資本主義）がグローバル・スタンダードであると唱えて、その採用を政治社会の混乱や経済危機に陥った国に対する支援条件にするなどして、半ば強制的に広めたのである。

これを世界史の潮流のなかでみると、民主主義と資本主義は、理念と制度が誕生して世界に広められたのがヨーロッパ勢力の支配者時代だが、実際に世界各地に定着するようになったのが、アメリカが支配者の時代ということになる。このことは民主主義と資本主義が、数百年の時間をかけてヨーロッパとアメリカの二つの優位勢力の下で世界に広められたことを意味する。ただ、民主主義と資本主義の世界各地における定着は決して一本道の過程ではなく、とりわけヨーロッパが優位勢力の時代には、資本主義が世界の国々を侵略して植民地化する帝国主義と密接な関連にあるとみなされたので、植民地支配を経験した少なからぬ国で独立後は資本主義に対する疑念や反発が起こっている。しかし、共産主義思想が影響力を失った現在、民主主義と資本主義が現代世界の唯一ともいえる政治経済原理であることは確かであり、その旗振り役が現在の優位勢力のアメリカなのである。これが世界史に果たしたアメリカの意義の一つと考えられる。

4　アメリカへの反撃

三つの挑戦勢力

優位勢力の中東やヨーロッパに対して武力反発や挑戦が起こったように、アメリカに対しても世界各地で様々な反発と挑戦が起こっている。ここではアメリカの優位に挑戦した例として、三つの集団を挙げておく。

第一が、冷戦時代のソ連である。二〇世紀になると七つの地域世界のうち、北アメリカとヨーロッパが自由主義を掲げる地域世界の代表となったが、ソ連はヨーロッパに属しながらも共産主義を掲げ、第二次世界大戦後はアメリカの最大のライバル国として立ちはだかった。アメリカとソ連が鋭く対立した冷戦は、自由主義と共産主義のどちらが世界の政治経済原理として優れているかが最大の争点となり、両国はそれを証明するために経済競争をしただけでなく、軍拡競争を行い、さらには、自陣営の国を増やすために国際社会で援助合戦を行ったのである。

ソ連が優位勢力としてのアメリカの最大のライバル国であったことは、次の事実から確認できる。第二次世界大戦終了直前にアメリカが日本に投下した原爆（核兵器）は現代戦争における究極の兵器と考えられ、当時はアメリカが唯一の保有国であることから、これが世界の支配者としてのアメリカの最大の武器となったが、わずか四年後の一九四九年にソ連も原爆実験に成功して核保有国となり、アメリカの核独占が消滅したのである。また、現代は空を利用したミサイルなども有力な兵器だが、軍事転用が可能な宇宙開発でも、ソ連は一九五七年に人類最初の人工衛星の打ち上げ、一九六一年にはアメリカに先駆けて有人宇宙飛行に成功するなど、一九六〇年代は宇宙開発の分野でアメリカと対等な立場か、リードしている立場にあった。これは、ソ連が長距離ミサイルを使って空からアメリカを攻撃できることを意味し、実際に、冷戦が終わるまでの四〇年ほどの期間、ソ連はアメリカの最大の対抗勢力、かつ唯一の抑止勢力として行動したのである。

これをよく示すのが、冷戦たけなわの一九七二年のアメリカとソ連の軍事力の比較である。世界全体に占める兵士数の比率は、アメリカが九・二％、ソ連が一五・八％、軍事支出は、アメリカが二六・七％、ソ連が三二・二％と、数字の上ではソ連が上回っていたのである（ナイ一九九〇、一〇一頁）。冷戦時代のソ連は、アメリカの経済力、核戦力、自由主義イデオロギーに対抗して、膨大な通常戦力、ユーラシア大陸の心臓部に位置する地理的優位、共産主義イデオロギーを武器に対峙したのである（同、八九頁）。

世界史のなかでみると、アメリカは一七七六年に、ソ連は一九一七年に誕生した比較的に若い国だが（ここではソ連とロシアを別の国としている）、共通性がいくつかある。それまでの優位勢力だった中東と西ヨーロッパから地理的に離れた場所に位置する国であること、両国ともに一九世紀後半に国力の基礎が築かれ、アメリカは北アメリカ大陸の西部に、ソ連はユーラシア大陸東部のシベリア（ただし、これは帝政ロシア時代のことだが）に国土を拡張して達成されたものであること、人口が多く国土が広大で豊かな天然資源があること、などがそうである。現代では、広大な国土とマンパワー、強大な軍事力と経済力が優位勢力としての基本要件だが、第二次世界大戦後、この要件を満たす国はアメリカとソ連だけであり、見方によっては、冷戦時代は「アメリカの優位勢力の時代」ではなく、「二大大国の時代」だったということもできる。

第二が、対アメリカ自主路線を掲げたド・ゴール大統領時代（一九五九～六九年）のフランスである。アメリカにとりヨーロッパの自由主義国は、世界各地で軍事介入や警察官として行動をするさいの同盟国や理解者と考えられているが、フランスはヨーロッパ地域世界の自由主義国の一員でありながらも、しばしば、アメリカの厳しい批判者として振る舞った。いくつか例を挙げると、独自の核開発を進めてアメリカ主導の世界の核体制に反旗を翻したこと、ヨーロッパ諸国が創設した経済協力組織のヨーロッパ経済共同体（EEC）に、アメリカの最大の同盟国であるイギリスの加盟を拒否したこと、冷戦時代初期にアメリカは中国封じ込め政策を採ったが、独自の外交政策を進めて一九六四年に中国と国交を樹立したこと、アメリカ主導でヨーロッパ自由主義国を防衛する目的で創設された北大西洋条約機構の活動を、加盟国であるにもかかわらず一九六六年に停止したこと、などがそうである（松岡二〇〇一、二二五頁）。現在のフランスはアメリカの同盟国、理解者として行動するようになったが、ド・ゴール時代の一連の反アメリカ行動は、フランスがアメリカとは違う世界観を持っていること、すなわち北アメリカとヨーロッパの地域世界が異なる価値観や世界戦略を持っていることに起因するものが多いことから、かつての優位勢力のヨーロッパによる、新たな優位勢力のアメリカに対する批判と挑戦とみることもできなくはないのである。

第三が、近年のイスラーム過激派勢力である。この勢力による反アメリカ軍事行動の最たるものが、二〇〇一年のアメリカの主要都市を攻撃した「九・一一同時多発テロ」である。イスラーム過激派勢力の軍事行動は、無差別の暴力行為でしかなくまったく是認されるものではないし、イスラームの教えとも中東諸国とも無関係だし、また、冷戦時代のソ連のように、アメリカと対等な軍事力を有しているわけでもない。ただ、七つの地域世界という観点からすると、アメリカ的価値観で世界を統一・支配しようとするアメリカに対する、他の地域世界からの反発とみることも完全に否定できないのである。

衰退要因

優位勢力としてのアメリカの地位は、一九九一年に唯一のライバル国のソ連が崩壊したことで盤石となり、今まで以上にアメリカの意向と行動と支配が世界各地で貫徹されることになるかに思われた。しかし、これも歴史の皮肉としかいいようがないが、ライバルが消滅した時から、優位勢力としてのアメリカの後退が始まったのである。アメリカが世界の支配者の時代はまだ終わっていないが、ここでは、その兆候を窺わせる現象を二つ挙げておく。

一つが、冷戦が終焉した一九九〇年代以降、顕著になった世界経済の多極化である。第二次世界大戦後の長期間、アメリカは世界経済をリードし、一九七〇年代初めには世界の国民総生産の約三〇％を占めて、これが優位勢力としてのアメリカを支える大きな要因だった。しかし、アメリカの経済支援を受けたヨーロッパ諸国は第二次世界大戦の荒廃から経済復興を果たし、一九八〇年代になると、アジアの経済開発が本格化して少なからぬ国が経済発展を遂げた。そして、冷戦が終焉して、世界が政治イデオロギーと軍事対立の時代から経済の時代へと転換すると、それまで紛争が多発していた第三世界諸国でも経済開発が本格化して、発展した国が少なくない。

この結果、現在の世界経済は、それまでのアメリカの一極構造から、北アメリカ、ヨーロッパ、アジアの三つの地域世界が貿易や投資などの点でほぼ拮抗する状態となり、多極構造へと変化したのである。二〇一二年の三つの地域世界の国内総生産は、北アメリカが二五・〇％、ヨーロッパが二八・五％、アジアが二八・六％と、わずかながらヨーロッパとアジアが北アメリカを上回っているし、アメリカ一国をみても、一九五〇年には世界の四三・六％を占めていたが、二〇一二年には約半分の二二・五％に低下している。また、終章でみるように、この三つの経済圏のうち、ヨーロッパとアジアでは地域諸国の経済的結束が強まりつつあるが、他の地域世界の経済力の高まりと結束の強化は、アメリカ経済の相対的な低下、ひいては優位勢力としてのアメリカの地盤沈下に繋がるものなのである。

もう一つが、一九九〇年代以降、世界各地で国家や社会の価値としての宗教と民族文化が台頭（あるいは復活）したことである。冷戦時代には自由主義か共産主義かというイデオロギーが世界の国々を二分し識別する最大の指標だったが、冷戦が終わると、言語や宗教などの伝統文化が国家や社会の価値として意識されるようになり、世界の国々を識別する指標の一つとなった。現在、世界の国々にとり、経済社会分野では、依然として豊かなアメリカ型消費社会が目標とあこがれであることに変わりはないが、宗教や民族文化が台頭したことは、それぞれの地域世界で、自分たちの社会価値を自覚化させて、世界の国々を相対的にみる視点や考えの登場を促すことになったことを否定できない。

文化相対主義の眼からすると、圧倒的な軍事力と経済力を誇り世界を支配するアメリカも、政治が混乱して経済が貧しくても固有の民族文化を持つアフリカの国も、「対等」の存在として意識されることになる。重要なのは、この文化相対主義が、これまで世界の国々に対して持っていたアメリカ社会と文明の優位性意識を切り崩し、ひいては、優位勢力としてのアメリカの地盤沈下へと繋がることを否定できないことである。

終章 世界史における七つの地域世界と優位勢力

1　世界史と優位勢力

なぜ世界を支配しようとするのか

ここまでにみたように、世界史において有力な国家は、中東、アジア、ヨーロッパの三つの地域世界で興り、これらの国家はそれぞれ自立性を維持していたが、七世紀中頃に中東が強力な軍事力を武器に世界史で最初の優位勢力になると、これ以降はヨーロッパ、そしてアメリカと、一つの地域世界（や国）が他の地域世界を支配する、支配＝被支配関係の下で世界史が展開したのである。中東が優位勢力になるとイスラームが世界（ユーラシア大陸）を席巻し、ヨーロッパが優位勢力になると世界各地が植民地化されてヨーロッパのための経済収奪がすべての地域世界に及び、そして、アメリカが優位勢力になるとアメリカの価値観が世界標準となった。三つの優位勢力は、自分たちとは異なる民族文化を持つ他の地域世界を支配して、自分たちの価値観で作り変えることを試みてきたが、それはかなりの程度まで成功したのである。

あらためて問えば、なぜ、世界史は支配＝被支配関係の下で展開したのだろうか。ある地域世界が他の地域世界を征服して支配しようとする場合、反発と必死の抵抗が起こり、しばしば戦争が発生して、攻撃する側にも護る側にも多大な犠牲と被害を伴うのが常である。そのため、世界史は戦争の歴史でもあるが、これは、なぜ戦争という膨大なコストを支払ってまでも他の地域世界を征服・支配しようとするのか、という問いに置き換えられる。

序章でみたように、世界史のどの時代においても戦争の最大の目的は、自国にない経済資源を武力で奪うことにあるが、これに、新たな領土の獲得、市場の確保、他国の住民を支配下に入れること、それに自国の安全保障の確保も加えられる。紀元前二三世紀前半に建てられたエジプトの古王国の第六王朝の碑文は、「この軍隊は無事に帰って来た、砂漠の民の国を破壊して。……砂漠の民の国を平定して。……その要塞を破壊して。……そのイチジクやブドウの木を切り倒して。……そのすべての［……］に火を放って。……何万という軍団を殺戮して。……捕虜として多くの軍団を連れ帰って」（歴史学研究会編二〇〇六〜、一巻、一一六頁）と誇らしげに記している。これが語るように、「戦争とは、掠奪行為」（キーガン二〇〇〇、一四頁）による支配＝被支配関係の確立のことなのである。

本書でみてきたように、三つの優位勢力が世界を支配した目的と行動もこれで説明できるが、もう一つ重要な目的を付け加えなければならない。それが宗教や理念に関わるものであり、中東勢力はイスラーム、ヨーロッパ勢力はキリスト教とヨーロッパ文明、アメリカは宗教ではなく、自由の理念を広めることがそうである（キーガン二〇〇〇、一六〜一七頁）。この立場から、中東勢力は「イスラーム」、ヨーロッパ勢力は「キリスト教徒の義務」や「白人の責務」、アメリカは「明白な天命」などを掲げて世界の征服や介入や支配を正当化したのである。ヨーロッパ勢力がアフリカ人を人間扱いすることなく、いわば「商品」としてアメリカ大陸に強制的に移動させたことが象徴するように、優位勢力は自分たちの都合のよいように世界を動かし作り変えたのである。

優位勢力の思考様式

三つの優位勢力には共通の意識とも論理ともいえるものがある。それが、世界には七つの地域世界があり、それぞれが固有の価値観を持っているにもかかわらず、優位勢力は、それぞれの地域世界の民族文化価値を尊重する「多元性」ではなく、世界にはただ一つ自分たちが信じる価値観しかないとする「一元性」の思考様式の下で行動したことである。それをよく示す例として、ヨーロッパ勢力とアメリカの指導者の次の言説と論理が挙げられる。まず、一九世紀末にイギリスの植民地政治家セシル・ローズは豪語している。

われわれ（イギリス人）が世界で最も優秀な民族であり、われわれの住む領域が広ければ広いほど人類にとってもそれはよいことだ（カー二〇一一、一五九頁）。

そして、アメリカの大統領のウッドロー・ウィルソンは一九一四年に独立記念日の演説で次のように述べている。

私の夢はこういうことだ。すなわち、年月が経つにつれて、そして世界がアメリカをますます多く知るにつれて、世界は……アメリカを頼って、あらゆる自由の基底に横たわる道義的霊感を探し求めるだろう……そしてアメリカが人権を他のあらゆる権利の上に置くことをすべての人に知らしめるとき、この国は時代の脚光を浴びて光り輝くことになろう。かくしてアメリカの旗は単にアメリカの旗ではなくして、人類の旗になるのだ（同、四四一頁）。

このような思考様式のゆえに世界史は支配＝被支配関係の下で動き、近代以降の時期になると、「はじめに」で指摘したヨーロッパ中心史観の世界史が書かれ、それが長いこと世界標準になったのである。これらの言説に接すると、序章でみた一九四八年の世界人権宣言の、世界の国々や人びとは対等で平等であるという現代の理念は、これまでの世界史が辿ってきた事実の確認ではなく、世界史の支配者の歪んだ思考や行動様式を改めようという自省を込めた願望でしかないことがわかるし、現在でもそれが完全に実現したと言い切ることはできない。

三つの優位勢力の相互関連性

世界史は中東、ヨーロッパ、アメリカの順番で優位勢力となり、その支配の下で動いてきたが、なぜこの三つの地域世界が優位勢力になれたのかという要因、それに、なぜ衰退したのかという要因は、すでに各章で検討した（ただし、アメリカはまだ優位勢力の地位を終わっていないが）。優位勢力の交替が起こったのは、最大の武器の軍事力が相対的なものであるため、他の地域世界や国が軍事力を増大して、現在の優位勢力のそれを上回ると、優位勢力の交替が起こることは不可避だからである。

ここで指摘しておきたいのは、三つの地域世界が優位勢力となるさいに、それぞれに、それまでの優位勢力を意識したモチベーションともいえるものがあったことである。

最初の優位勢力の中東勢力の場合、先行する優位勢力は存在しなかったが、強力なササン朝ペルシアとビザンツ帝国の覇権に挑戦して勝利すること、ヨーロッパ勢力は、この中東勢力の支配への対応と宗教的対抗心が大きなモチベーションだったし、アメリカは、王制が支配するヨーロッパ勢力の古い政治社会を批判して、新たに民主的な政治社会を創ることがモチベーションとなるものだった。

日本の中世史研究者の石母田正は、日本の古代から中世への転換過程を考察した『中世的世界の形成』のなかで、「中世の形成は古代の没落である。没落の過程が同時に形成の過程でなければならぬ。中世は古代に対して対立的否定的でありながら、古代以外のところから生れることは出来ない」（石母田一九八五、三三八頁）、と書き記している。この古代と中世の用語、それに古代と中世の関係を、本書でみてきた中東勢力とヨーロッパ勢力に置き換えると、「ヨーロッパ勢力の形成は中東勢力の没落である。中東勢力の没落の過程が同時にヨーロッパ勢力の形成の過程でなければならぬ。ヨーロッパ勢力は中東勢力に対して対立的否定的でありながら、中東勢力の影響力以外のところから生まれることはできない」、というものになる。これは、ヨーロッパ勢力とアメリカとの関係にも当てはまることはいうまでもないであろう。

これが如実に語るように、ある優位勢力の衰退要因（例えば中東）と、それと入れ替わるかたちで新たに優位勢力となった地域世界の台頭要因（例えばヨーロッパ）は、別々のものではなく、一つのコインの表裏関係にあったのである。新たな優位勢力は既存の優位勢力を超えるべき、あるいは打倒すべき目標に設定して自分たちの軍事力を高めることに励んだが、これが新たな優位勢力が誕生するさいの大きな要因の一つだったのである。この限りで、世界史は世界各地の様々な勢力が覇権をめざす競合の歴史でもあったのである。

世界史が優位勢力によって動くことの功罪

これまで世界史を動かしてきた優位勢力の功罪（メリットとデメリット）はあるのだろうか。これは難しい問題であり、このテーマ自体が一冊の本になりうるものだし、何よりも人それぞれに見方や評価が違うことは間違いないと思われるが、本書は次のように総括してみたい。

優位勢力が世界史に果たした功の一つは、独自性を持つが、しかし孤立的で閉鎖的な七つの地域世界を支配下において、上から、かつ強制的とはいえ、世界が共存するための共通基盤を創出したことにあると考えられる。一例を挙げよう。ヨーロッパ勢力やアメリカの例でみたように、優位勢力が世界の支配者として自国の政治経済制度を世界に広めたことは、それを他の地域世界に押し付けた側面があったことを否定できないが、同時に、宗教や言語、すなわち社会文化慣習がまったく異なる地域世界が、独自要素を維持しながらも（それが難しかった社会もあるが）、政治制度、政治思想、法制度、経済制度、教育制度など、少なくとも政治と経済の分野では共通制度を持ったことも否定できない。これにより、社会文化慣習が異なる七つの地域世界の間で、限られた分野ながら「対話」が可能になったのである。

また、優位勢力が発展した経済、かつ世界の支配者の立場を活かして、貿易などを通じて他の地域世界の人びとに日常生活における文明装置（現代でいえば、自動車やテレビやインターネットや医薬品など）を広めたこともその一つに挙げられる。これにより、世界各地の人びとが（もちろん、すべての人びとではないが）、自力では作ることができない生活道具を手に入れて、日常生活における利便性が向上しただけでなく、共通の道具を持つようになったからである。たとえ有無をいわせない支配の結果であり、また、これによって優位勢力が莫大な経済利益を上げるものだったとしても、同じ政治経済制度を持つことや同じ生活道具を使うことは、繰り返しになるが、宗教や言語が異なる世界各地の地域世界の人びとが相互理解を深め、共存していくうえで極めて重要なのである。

罪は、いまみた功を裏返したものでもあるが、二つが指摘できる。一つは、優位勢力が世界を支配するさいに掲げた宗教や理念を広める過程で、それを認めなかったり、抵抗したり敵対したりする勢力を容赦なく排除したことである。中東勢力はイスラームを、ヨーロッパ勢力はキリスト教と文明を、そしてアメリカは自由を掲げたが、本書でみてきたように、それを拒否したり、その前に立ちふさがる勢力や敵対者を容赦なく力ずくで排除したり抑え込んだりしたのである。

もう一つは、これに関連したものだが、他の地域世界を征服・支配して、支配された地域世界の衰退を招いたことである。スペインに征服されたアステカ王国とインカ王国の消滅、ラテン・アメリカやオーストラリアの土着人の激減は、その象徴的な出来事である。J・M・ロバーツは、ヨーロッパが優位勢力として世界を支配した時代には、「世界のどの国においても、非ヨーロッパ系の住民がヨーロッパ文明との初期の接触によって、利益を得ることは決してなかったという愕然とするような事実」があったと指摘している。なぜ、征服・支配された地域世界の利益にならなかったのか、その理由は、「植民地を中心とした各地の住民は、ヨーロッパ人によってひどく苦しめられることになりました。……インドや中国のように、古くからつづく高度な文明という「保護装置」をもっていないかぎり、南アフリカでのコイ・コイン族やオーストラリアのアボリジニーの運命に見られるように、ヨーロッパ文明はそれに接触したものすべてを荒廃させていった」（ロバーツ二〇〇二〜、六巻、二四九〜二五〇頁）からだという。これは、世界各地で様々な宗教が信仰されているなかで、時として武力を背景にイスラームを広めることに励んだ中東勢力にも該当するし、見方によっては、アメリカが世界に説いたアメリカ的価値にも該当するものである。

このことは、優位勢力が主導する下で世界各地の地域世界の相互理解が進んだことと、支配された地域世界の独自性が消滅したことは、実は、一つのコインの表裏関係にあったことを意味している。

E・H・カーは、ある研究者の言葉を引用しながら、「（世界史の）進歩の小道には、諸国家の残骸が散らばっている。劣等人種の生贄のなごり、そして偉大なる完成への狭い道をたどれなかった犠牲者たちの痕跡はいたるところにみられる。しかしこれら死んでいった諸国民は、実のところ、人類が今日のより高い知的生活、より深い情緒的生活へと上昇してきたその踏み台となっているのである」（カー二〇一一、一〇八〜一〇九頁、括弧内は引用者）と述べて、優位勢力が主導する世界史の過程で滅亡した世界各地の大小様々な国家や民族への挽歌としている。

筆者には、カーのように世界史が進歩の過程であると言い切るには、誰にとっての、どの領域での進歩なのか、すなわち、物質的なものなのか精神的なものなのか、その意味内容を明確にする必要があると思うので進歩の言葉は留保するしかないが、これまでの世界史の過程で多くの犠牲者がでていることは疑いようのない事実であり、これもまた支配＝被支配を軸にした世界史の否定できない真実なのである。

留意すべきは、いまみた功罪は、優位勢力の行動に起因するものだが、見方を変えると「グローバル化」に起因する功罪でもあることである。その理由は、グローバリゼーションの言葉は一九九〇年代以降、使われるようになったものだが、その意味を広くとらえると、第三章でみたように、ヨーロッパ勢力の世界征服も、ある意味ではグローバル化のことでもあったといえるからである。そして、ヨーロッパ勢力とアメリカの優位勢力の時期とグローバル化の時期が重なるので、ヨーロッパ勢力とアメリカの優位勢力としての功罪は、同時にグローバル化の功罪とみることも可能なのである。

ヨーロッパとアメリカの優位勢力（それにグローバル化）の功罪を、文明と文化の用語を使っていうと次のようになる。世界史における人間社会の諸々の事象のうち、飛行機や自動車やインターネットなど物質に関わるものを文明と呼ぶと、広くは、民主主義や資本主義などの制度もこれに含められる。これに対して、宗教や言語や民族慣習など精神（心）に関わるものは文化と呼ぶことができる。優位勢力（グローバル化）が世界史に持った功は、文明を世界全域に拡げたこと、罪は、文明を拡げる過程で世界各地の文化を無視し、ある地域では消滅させたことである。そして、優位勢力（とグローバル化）が世界に残した後遺症が人種差別や民族差別、それに世界各地の経済格差であり、これをどう克服するかが現代世界の大きな課題なのである。

2　世界史と七つの地域世界

優位勢力になることがなかった地域世界

本書は世界を七つの地域世界への区分、それに支配する側と支配される側への区分という二つの視点を組み合わせて、優位勢力が主導した世界史の過程をみてきたが、これまで支配する側の優位勢力になったのは中東、ヨーロッパ、北アメリカの三つの地域世界であり、アジア、アフリカ、ラテン・アメリカ、オセアニアの四つの地域世界は、専ら支配される側にあり優位勢力になったことがない。なぜ、七つの地域世界は、支配する側の地域とそうでない地域にハッキリと分かれたのだろうか。

序章で人類の誕生はアフリカ東部の地で始まり、そこから中東やアジアやヨーロッパなどへと移動して、現在の世界各地の分布が出来上がったことをみた。単純な疑問ながら、この点からすると、最初にアフリカで大規模社会と文明と強力な軍事国家が形成されて、最初の優位勢力、すなわち世界の支配者となっても不思議ではなかったのに、実際にはそうではなかった。その理由について、人類が誕生した当時のアフリカは居住に適した地域だったが、その後、気候の変化で砂漠化が進み居住するには不適切な土地となったことにあるという説明があるので（ロバーツ二〇〇二〜、二巻、八一頁）、ここではこれを受け入れておくことにする。

さきほどの問いに戻ると、なぜ、七つの地域世界は世界史において支配する側と支配される側に分かれたのかという疑問に対して、回答を試みた一人がアメリカ人の生物学者のジャレド・ダイアモンドである。ダイアモンドは次のように述べている。

現代世界における各社会間の不均衡についての疑問は、つぎのようにいいかえられる。世界の富や権力は、なぜ現在あるような形で分配されてしまったのか？　なぜほかの形で分配されなかったのか？　たとえば、南北アメリカ大陸の先住民、アフリカ大陸の人びと、そしてオーストラリア大陸のアボリジニが、ヨーロッパ系やアジア系の人びとを殺戮したり、征服したり、絶滅させるようなことが、なぜ起こらなかったのだろうか（と自問して、次のような回答を提出している）。ヨーロッパ人がニューギニアを植民地化したのであって、その逆ではなかった理由は、はっきりしている。ヨーロッパ人は外洋船と羅針盤を持っていた。地図や、詳しい道のりや、ニューギニア支配を確立するための書類を作成する文字や印刷機を持っていた。船舶を手配し、軍隊を組織し、植民地を統治するためのシステムを持っていた。弓矢や棍棒で抵抗するニューギニア人を撃つ銃を持っていた（ダイアモンド二〇一二、上、二五頁、下、二〇〇頁、括弧内は引用者）。

E・H・カーも、「ニカラグアやリトアニアが世界のリーダーシップをもちたいと望むことがなぜ不条理にみえるのか、その唯一の理由はこうである。すなわち、いかなる合理的な予測に従ったとしても、この種の国家がこうした野望を実現したいという望みを少しでもかなえるほどに強くなることはありえないからである」（カー二〇一一、四四四頁）、と述べて、世界の国々が支配する側と支配される側に分かれるのは避けられないとしている。本書も、七つの地域世界が支配する側と支配される側に分かれた理由として、基本的に二人の説明に異論はないが、これをもう少し別の角度から考えてみたい。

優位勢力となることがなかった四つの地域世界のうち、アジアは世界最大の人口を持ち、なかでも中国とインドは中東勢力が台頭するまで世界最大の経済力を持っていたので、優位勢力となることがなかったのは不思議だが、その理由はすでに第一章で考察した。地理的分節性と社会的分節性がそうであり、このアジア地域世界の特性は、古代だけでなく基本的に現代でも変わりはない。また、見方によっては、現代北アメリカはイギリス社会のスピンオフ、現代ラテン・アメリカはスペイン社会のスピンオフとみなせることも指摘した。当初は、北アメリカにはインディアン、ラテン・アメリカにはインディオの土着の人びとが住んでいたが、一六世紀以降、ヨーロッパ勢力の植民地になると、移民したヨーロッパ人が支配的な社会へと転換したからである。ある意味で、ヨーロッパ社会が「本家」だとすると、現代の北アメリカとラテン・アメリカ社会は「分家」に相当する。

そのため、なぜ四つの地域世界が優位勢力となることがなかったのかという問いは、厳密にいえば、アフリカとオセアニアに該当し、なぜ、アフリカ人やオーストラリアのアボリジニーが、世界の支配者となることがなかったのか、ということになる。もちろん、いうまでもなく、これは北アメリカのインディアンとラテン・アメリカのインディオなどにも該当するが、以下では、主にアフリカとオセアニアの例をもとに考えてみる。

なぜ優位勢力になれなかったのか

オセアニアは一八世紀にイギリス人探検家のジェームズ・クックが「発見」して以降、ヨーロッパ勢力に植民地化されて世界史に組み込まれた地域世界である。これが語るように、オセアニアの人びとが自ら世界史を担う勢力として登場し、強大な軍事力や経済力をもとに他の地域世界を攻撃・征服して支配下に入れることがなかったことはむろん、その文化を世界に発信することもなかった（そもそも普遍性を持った文化があったかどうか疑問だが）。その原因は、ダイアモンドが指摘するように、オセアニア（オーストラリアなど）は地勢や気候や天然資源に恵まれないため、大規模な農業社会が発達しなかったこと、広大な海洋で他の地域世界と隔たっているが、遠洋航海術が発達しなかったので他の地域世界を征服・支配するための交通手段がなかったことにある。この事情はアフリカにもほぼ当てはまる。

世界史の優位勢力になることがなく、専ら支配される側だった地域世界にはいくつか共通点があり、その一つが自然地理である。すなわち、アジアを除くと、大規模社会が発展するには、あまりにも自然環境が厳しかったのである。アフリカ大陸北部には世界最大のサハラ砂漠、南部はカラハリ砂漠、中央部には熱帯ジャングルが深く広がり、大半の地域が砂漠とジャングルで覆われて、土地は極端に乾燥しているか、極端に湿っているかのどちらかであり、最南端の南アフリカ地域を除くと大規模農業が発達する自然地理条件に恵まれていない。オーストラリア大陸も中央部の大半を無味乾燥な砂漠が占めて、人間が住むには適していないし、大規模農業が発達するのに不可欠な大河もない。ラテン・アメリカも北部のアマゾン川流域は熱帯ジャングルで覆われ、西部の海岸地帯には険しいアンデス山脈が南北に延びており、このような地勢や自然条件のもとで農業が発達して、世界を征服・支配するだけの大規模社会や強大な国家が形成されることは難しい。

要するに、これまで優位勢力になることがなかった地域世界は、自然地理の制約により、それに必要な経済資源やマンパワーなどの要件に欠けていたために、強大な軍事国家が誕生しなかったことが、最大の原因なのである（スパイクマン二〇〇八、九九～一〇〇頁）。また、北アメリカ、ラテン・アメリカ、オセアニアは、ユーラシア大陸や他の地域世界と大洋で隔てられているし、アフリカも、北部の広大なサハラ砂漠がユーラシア大陸との交流を妨げているので、これらの地域世界に住む人びとが自ら世界探検にでることはなく、近代にヨーロッパ勢力が到来するまで、他の地域世界の存在を知らなかったのである。ある意味で、世界史は自然地理の制約を克服して交流と人間の利便性を追い求める歴史でもあったが（その一つの例が、ヨーロッパ勢力の海を利用した世界征服）、これらの地域世界の人びとにとり自然地理の制約はあまりに大きかったのである。

これをよく語る例を二つ挙げておこう。一つは、一五一九年に世界一周の航海に出発したマゼラン一行の証言である。一行は、航海の目的地であるインドネシアのモルッカ諸島に到達する少し前に、太平洋のマリアナ諸島で小船に乗った土着人と遭遇したが、土着人について、「その挙動から判断するに、この地上に自分たちのほかには人間が存在しない、と考えている様子であった」（マゼラン二〇一一、六八～六九頁）、との観察記録を残している。もう一つがアフリカである。アフリカ大陸の東南沖には世界で四番目の面積を持つ広大なマダガスカル島が浮かび、人間の居住が可能である。しかしアフリカ東海岸に古代から多くの人びとが住み、マダガスカル島の一番近くに位置していながら、同島を居住地として利用することはなく、一世紀頃に、はるか遠くの東南アジアのボルネオ島に住む海洋民がインド洋を横断して、この島に移住するまで無人の地だったのである（クック二〇〇五、三七五頁）。

かくして、これまでの世界史は中東、ヨーロッパ、北アメリカの地域世界が支配する側として「主役」を、アジアの地域世界が「準主役」を、アフリカ、ラテン・アメリカ、オセアニアの地域世界が専ら支配される側として「脇役」を演じるものだったのである。

3 展望――これからの世界史の図式はどうなるか

これまで世界史の基調をなしてきた優位勢力や支配＝被支配関係は、これからどうなるのだろうか。最後にこの問題を考えてみたい。まず、七つの地域世界を基本単位に世界史が動くという本書の視点は、これからの世界をみるさいにも有効だと考える。その理由の一つは、現在、七つの地域世界それぞれに地域統合が進行していることである。これは、序章で述べた、本書が世界を七つの地域世界に区分してみる理由の一つでもあるが、それを説明してみよう。

地域統合の意義

近年は同じ地域世界に属する国々がまとまって行動する現象が世界各地で起こっており、その具体的表現が地域機構や地域共同体の創設である。いうまでもなく、世界史を振り返ると、これまでにも、例えば、第一次世界大戦や第二次世界大戦における同盟国や協商国など、ある地域世界の国同士などの連携がみられた。ある意味で、これらの同盟関係は、現代の地域機構や地域共同体の先行形態とみることもできるが、しかし、現代のそれとは本質的な違いがある。かつてのそれは、戦争など特定目的のための一時的連携にすぎないが、現在は、政治や経済や社会や文化や国際関係など、あらゆる分野に広がったものであること、連携も一時的ではなく半恒久的なものが意図されていること、加盟対象国が地域全体の国とされていること、がそうである。

現在、七つの地域世界では、活動実態が活発なものもあれば、ほぼ休眠状態のものもあり、大きな違いがあるが、様々な地域共同体が創られている。ヨーロッパのヨーロッパ連合（EU）、アジアの東アジア共同体構想、北アメリカの北アメリカ自由貿易協定（NAFTA。ただし、ラテン・アメリカのメキシコも含まれているが）は、その代表的なものだし、中東でもアラブ連盟（AL）、アフリカでもアフリカ連合（AU）、ラテン・アメリカでもラテン・アメリカ経済機構（SELA）がある。それだけでなく、地域世界のサブ地域を単位にするものもあり、アジアの東南アジア諸国が結成した東南アジア諸国連合（ASEAN）、ラテン・アメリカのアンデス諸国が創ったアンデス共同体（CAN）、はその代表的なものである。

このうち、第二次世界大戦中の一九四五年に中東の七ヵ国が結成したアラブ連盟は、憲章の第二条で、「アラブ連盟の目的は、加盟国間の関係強化、加盟国間の協力達成、独立と主権擁護のための政策協調、アラブ諸国の問題や利害への一般的関心にある」（歴史学研究会編二〇〇六〜、一一巻、三五頁）、と定めている。一九六三年に創設されたアフリカ統一機構（現在はアフリカ連合へと改組された）も、憲章の第二条で機構の目的として、アフリカ諸国の統一と連帯を促進すること、アフリカ諸国民のよい生活を達成するために協力と努力を調整し強化すること、主権・領土保全および独立を防衛すること、アフリカからあらゆる形態の植民地主義を根絶すること、国際連合憲章と世界人権宣言を十分尊重して国際協力を促進すること、の五点を挙げている（同、一七〇頁）。現在は、世界のほぼすべての地域世界で、国家主権を維持しながらも地域諸国、あるいはサブ地域諸国による地域共同体が創られて、同じ地域世界に属する国々が共同歩調をとりつつあるのである。

ただ、本書の七つの地域世界の区分と、いまみた地域共同体の構成国が必ずしも同じではないことも事実である。例えば、本書はトルコを中東に区分したが、現在、トルコがヨーロッパ連合への加盟を目指していることは、その一例だし、アジアとオセアニアと北アメリカとラテン・アメリカの一部の国が創設したアジア太平洋経済協力会議（APEC）も、本書の区分を大きく超えた地域統合の一例である。本書と違う組み合わせの地域共同体がみられる理由は、本書の七つの地域世界が、歴史地理的区分であるのに対し、地域共同体は現代世界の国々が自らの判断で決める、地域性とはさほど関連がない自己申請によるものであることにある。しかし重要なのは、いくつか例外があるものの、現在進行中の地域共同体が七つの地域世界を基本単位にして行われていることであり、これは世界の国々が、七つの地域世界が国際社会における基本単位であると認識していることを反映したものなのである。これを考えると、これからの世界史をみるうえで、今まで以上に七つの地域世界を基本単位にみることが重要になることは間違いないのである。

七つの地域世界の固有性

七つの地域世界が、支配する側と支配される側に分かれて世界史が動くという図式はどうなるのだろうか。この問題に関連して、すでに第二次世界大戦中に、「全人類の生活が均衡に達したとき、はじめて幸福な世界が生まれる。均衡こそ自由の基礎である」（マッキンダー二〇〇八、三〇四頁）、という指摘がある。これによると、七つの地域世界の経済水準がほぼ同じになれば、侵略・支配行為は起こらないし、その結果としての、支配する側と支配される側に分かれることもないことになる。しかし、実際には、この指摘にもかかわらず、第二次世界大戦後にアメリカが新たな優位勢力となったし、現代世界は優位勢力の支配（それにグローバル化）の結果として、世界各地の経済格差が極めて大きいのである。そのため、たとえ、将来、七つの地域世界の経済が平準化するにしても、かなりの時間を要することを否定できない。

何よりも、七つの地域世界の人びとのアイデンティティーの軸として、それぞれの固有の宗教や言語が意味をなさなくなるとは思われない。その理由は、どんなに七つの地域世界の政治体制が同質化し経済水準が均一化しても、また、グローバル化によって社会文化交流や相互理解が進んだとしても、七つの地域世界の人びとがアイデンティティーの軸として、宗教や言語を捨て去るとは考えられないからである。この点では、逆説的ながら、七つの地域世界の政治と経済の同質化が高まれば高まるほど、民族文化の重要性が高まると思われる。その理由は、言語や宗教や社会文化慣行が、世界各地に住む人びとの唯一ともいえるアイデンティティーの拠り所であり、他の地域世界の様々な人びととの交流のなかでは、自分は何者なのかというアイデンティティーを持つことなしに交流することが難しいからである。

一例を挙げよう。世界各地の人びとは衣服生活において長いこと独自の衣服（民族服）を着用してきたが、優位勢力としてのヨーロッパとアメリカが主導した過程や、グローバル化によって同質化や均一化が進み、現在は、多くの国で民族服は祝祭日などの特別な機会に着用するだけのものとなり、日常生活ではTシャツやジーンズなど、世界の支配者の欧米式衣服への一律化が進行している。安価だし、何よりも便利だからである。しかし、宗教の建造物は決してそうではない。世界各地に様々な宗教が誕生してこのかた一貫して、仏教寺院、神社、イスラーム・モスク、ヒンドゥー教寺院、キリスト教教会など独自の建造物が維持されて、優位勢力が世界を支配した時代でも、信徒は自分たちが信仰する宗教の伝統色豊かな礼拝所で祈り続けてきた。ここでは、優位勢力が信仰する宗教の建造物が便利で合理的だからという理由で、建造様式の一律化は起こっていないし、これからも起こることはないと断言してもよいであろう。宗教建造物は建物の様式それ自体に、それぞれが信仰する宗教のエッセンスが内在的に宿っているからである。

新たな優位勢力が登場しないと考える理由

今後も、ある地域世界が支配者となって世界を支配すること、すなわち、支配＝被支配関係の世界史の図式は続くのだろうか。もしそうならば、アメリカの優位勢力の時代がまだ続くのだろうか。これまで優位勢力になったことがないアフリカやオセアニアやラテン・アメリカが優位勢力となることがあるのだろうか。中東やヨーロッパなど旧優位勢力が復活するのだろうか。アジアはどうなるのだろうか。具体的に国の名前を挙げていうと、アメリカの支配力がさらに強化されるだろうか、政治と経済の結束を強めているEUはどうなるのか、経済力と軍事力を増強している中国はどうなるのだろうか、ヨーロッパの大国で独自路線を歩むロシアはどうなるのか、そして、現在、国際社会の軍事的な不安定要因とみなされている「イスラーム国」はどうなるのだろうか。それとも、今後はもはや優位勢力は不要になるだろうか。

筆者の考えをいえば（たぶんに期待を込めてであることを否定できないが）、もはや地域世界単位でも、一国単位でも優位勢力は登場しないし、必要ともしないようになる、支配＝被支配関係の下で世界史が動くことはなくなるとみてよいというのが論旨である。

まず、地域世界単位でみた場合、優位勢力が登場するのが難しいと考える理由を四点挙げて説明する。

第一が、優位勢力を、自分の地域世界の利益のために他の地域世界を都合よく利用する勢力のこと、それに自分の地域世界の価値観を他の地域世界に強制的に押し付ける勢力のことだとすると、現在は優位勢力の下で世界史が動く時代は終わりつつあるといってよいからである。世界の人びとはヨーロッパが優位勢力の時代に植民地支配を経験する過程で、他の国が自分たちの国を支配することを許さないし認めないようにもなったし、支配しようとする国の側も、弱い隣国ならいざしらず、それを世界的規模で行うことはもはや不可能なことを学び、そのような意思を持つ地域世界（や国）はないと思われるからである。これは現在の優位勢力のアメリカの支配形態が征服や植民地化ではなく、一時的、限定的な介入であることが証明している。

第二は、現在は第三世界諸国とか発展途上国と呼ばれる国が登場したことである。第三世界は、第二次世界大戦直後にアメリカとソ連が世界を二分して対立するなかで、どちらの陣営にも属さない第三勢力のこと、発展途上国は、ヨーロッパ勢力の植民地時代に経済的停滞と貧困状態に陥り、独立後に経済開発に努めている国のことであり、これらの国は大半がアジア、アフリカ、ラテン・アメリカ、オセアニアなど、これまでの世界史において支配される側の地域世界に属している。

これらの国の登場が優位勢力の退場と関連があるというのは、第三世界の国は独立するとほとんどが国際連合に加盟したので、現在、国際社会の多数派を占めているが、世界を支配しようとする国や地域世界の行動に反対する第三世界諸国の発言力には無視できないものがあるからである。経済分野でも、一九七〇年代初頭に国際連合の経済会議で、発展途上国に配慮した「新国際経済秩序」（NIEO）の実施を求めるなど、現在とかつての優位勢力の豊かな欧米諸国に対する批判的発言力には強いものがある。第三世界諸国のうち少なからぬ国が政治、経済、社会の混乱状態にあるのは事実だが、これは数百年続いた植民地時代に歪められた構造に起因するものが多く、その是正には独立後の五〇年ほどの期間では十分ではないことから、自立のためのコストとみるべきである。重要なのは、これらの国がもはや植民地体制の復活はむろんのこと、ある国や地域世界が世界や他の国を支配する構造を許さないことである。

第三が、現代経済が外国との関わりなしに、自国の経済を維持することが難しい相互依存状態にあることである。現在の優位勢力のアメリカは、これまで必要な経済資源をほぼ国内で自給自足してきたが、経済的相互依存関係が緊密化している現代は、もはやそれが難しく、他の国や地域世界に依存しなければならない（例えば、外国に生産工場を作る海外直接投資）。経済的相互依存関係の下では、政治分野に限った支配＝被支配関係の構築も難しいのである。

第四は、これまで優位勢力は国家を軸にするものだったが、現在は、世界のあり方に影響を与えるアクターとして、様々な機関や団体が登場していることである。国際機関、多国籍企業、国際NGOなどがそうであり、これらの機関は活動領域が世界全域に広がっていることが多く、その性格や機能からして、ある地域世界や国が利己的な行動様式や思考様式をとって世界を支配することを、チェックする役割を果たすことが少なくない。このことは、これまでとは違い、国家が世界史を動かすうえで絶対的存在から相対的存在になったことを意味している。

次いで、ある国が優位勢力となることが難しいと考える理由を三点説明する。候補として、アメリカ、EU、中国、ロシア、それにあえて「イスラーム国」を挙げることにする。

第一が、優位勢力になるには、他の国を圧倒する政治力を持つことが必要だが、現在、これらの国々が相互に政治的に「牽制」しあっていることである。一例を挙げると、アメリカに対しては、アメリカの世界支配に中国やロシアが異議を唱え、中東のイスラーム過激派勢力は活発な反アメリカ活動を行っている。中国に対しては、南シナ海の南沙諸島における軍事施設の整備と拡大を、ASEAN諸国とアメリカが反対している。ロシアに対しては、ソ連崩壊後に独立国となったウクライナに、ロシアの影響力を拡大する試みに、アメリカとヨーロッパ諸国が共同で反対している、そして、「イスラーム国」に対しては、アメリカとヨーロッパと中東諸国が共同で武力鎮圧しているので、数年後には消滅している可能性を否定できない。このなかで、EUに対しては、その活動を牽制する勢力はほとんどないが、現在、EUは地域諸国の協調と安定を優先する「内向き」政策を採っており、再び優位勢力を目指す可能性は低いと考えられる（たとえ、それを志向したとしても、それに必要な軍事力を持てるかどうか疑問である）。このように、世界の主要国や勢力が相互に政治的に牽制しあっているなかで、一つの国が抜け出すのは難しいのである。

第二が、優位勢力となるには圧倒的な軍事力を保有することが条件であり、圧倒的な軍事力を保有するには、強大な経済力が必要だが、しかし、第四章でみたように、現在、世界経済は北アメリカ（アメリカ）、アジア、ヨーロッパの三つの多極状態にあり、絶対的な経済力を持つ地域世界（国）が存在しないことである（ただ、そのなかでアメリカが抜きん出ていることは確かだが）。EUもロシアも中国も、鼎立する三つの地域世界に属しているとはいえ、三つの地域世界の経済力は地域のすべての国を合わせたものなので、一国になるとその比率はかなり低下する（とくに、中国とロシアに当てはまる）。現代は、アメリカを除くと一国で世界を支配するだけの軍事力を保有するのに必要な経済力を持つことが難しいのである（とりわけ、これは「国家」ではない「イスラーム国」にいえる）。

第三が、現在、民主主義が現代国家の政治原理となっていることである。いま候補に挙げた国が優位勢力となるには、単に政治力と軍事力と経済力を持てばよいのではなく、政治理念を世界に掲げる必要があるが、民主主義を正面から否定する国や組織（中国、ロシア、「イスラーム国」）が優位勢力として世界の国々から受け入れられることは難しい。これは特に中国に当てはまる。かりに現在中国を支配する中国共産党が、アメリカに代わって優位勢力になることを目指して行動したとしても、国際社会で受け入れられることは考えられないし、それどころか実際には、国内外からの民主化圧力で共産党が権力を失い、新たな政治体制になる可能性があることを否定できない。しかも、新たな支配集団は民主的勢力であると考えられるので、国際社会との協調路線を優先させて、中国を優位勢力にしたいという欲求は小さいと思われるからである。

三つの地域世界の鼎立状態へ？

ある地域世界やある国が優位勢力となることが考えられないならば、これからの世界史の図式はどうなるのだろうか。あえていえば、第一章と同じ、三つの地域世界の鼎立状態がそうだと思われる。ただし構成が少し入れ替わって、アジア、ヨーロッパ、北アメリカの鼎立状態になるのではないかと考えられる。その理由をごく簡単にいうと次の点にある。

現在、七つの地域世界のうち天然資源や経済力やマンパワーなどの要素に恵まれているのがこの三つの地域であること、世界経済の三極を構成しているのもこの三つの地域であること、地域統合の内容が満足のいくものではないにしても、地域諸国の協調がみられるのも、この三つの地域であることなどがそうである。もちろん、これ以外の地域世界を軽視しているわけではないが、アフリカ、ラテン・アメリカ、オセアニアの三つの地域世界は、恵まれた自然地理、他の地域世界との大規模な交流を可能にする整備された交通網、マンパワー、経済発展段階などの点からして、さきの三つと比べると劣位にあることは否めない。

　そのなかでユニークなのが中東である。中東はメソポタミアやエジプトで文明と国家が興って三つの地域世界の鼎立状態の一翼を担い、その後、イスラームを結集軸に世界史の優位勢力となって世界を支配し、現在は現代経済における最も重要な一次資源の石油を武器に、有力な一員として行動しているからである（ただし、すべての国が産油国なのではなく、ペルシア湾に面したサウジアラビア、イラン、イラクなど湾岸諸国が中心だが）。現在、中東の少なからぬ国が宗教や政治体制（民主化）などを原因に紛争が発生して混乱状態にあるし、とりわけ「イスラーム国」は、中東だけでなく国際社会の不安定要因でもあるが、長い歴史の眼で見ると、中東勢力は時代の変化とともに自分の地域世界の特性を変えて、常に世界史の有力アクターの地位を保っていることも確かなのである。

　ただ今後は、三つの地域世界の鼎立状態になることが考えられるとはいえ、第一章の鼎立状態とは状況が違うことに留意する必要がある。第一章の鼎立状態は、いわば自然に出来上がったものだが、今後のそれは、単に三つの地域世界が経済力を持てばそうなるものではないからである。さらには、これまでの優位勢力の下で生じた人種差別や世界各地の経済格差も、時間が経過すれば自ずと解消したり消滅したりするものではない。序章でみた「世界人権宣言」のように、世界の国々、とりわけ欧米諸国が主導してこれらの問題の解消や是正に努力して、はじめて実現するものだからである。以前の鼎立状態が「自然状態」だとすると、今後のそれは、世界の国々の努力によって創出すべき「人為状態」なのである。七つの地域世界の平等を人為的に創り出すのは、極めて難しい課題だが、それが必要なことは、これまで優位勢力を軸に動いてきた世界史の図式が教えてくれる教訓でもある。

あとがき

筆者にとり、一冊の本を書くことは常に挑戦であり、とりわけ本書は文字通り「挑戦」だった。アジア地域研究を専門にする筆者が、なぜ世界史なのか、奇異に感じた読者が少なくないと思うので、「あとがき」ではその理由を説明してみたい。理由は二つある。

一つは、筆者は現代アジアを勉強しているが、単にアジアのことをみればアジアが分かるのではなく、アジアは世界の他地域からどのような影響を受けて現在の姿にいたったのか、それを視野に入れなければ、アジアを立体的に理解することはできないのではないか、と思うようになったことである。そのため、歴史過程において、それに現在、アジアに影響を与えている地域はどこなのか調べると、現代のアメリカ、近代にアジアを植民地化したヨーロッパ、それに、ヨーロッパの前には中東のイスラーム勢力が強い政治社会的影響を与えていることが分かった。すると、筆者の気持ちのなかで、アメリカ、ヨーロッパ、中東は、アジアをその一つとして、世界にどのような影響を与えたのだろうか、という新たな疑問と関心が湧き上がり、それまでのアジアを軸にする関心と視点が逆転して、中東、ヨーロッパ、アメリカは世界にどのような影響を与えたのだろうか、この視点から世界史をみたらどうなるのだろうか、と思ったのである。

もう一つは、筆者は二〇一三年に『物語 シンガポールの歴史』（中公新書）を刊行する機会を得たが、書き終えた後で、シンガポール一国ではなく、アジア全体の歴史はどのようなものかという関心が湧き上がり、そこから生まれたのが、二〇一四年に刊行した『アジアの国家史』（岩波現代全書）であった。すると、筆者の気持ちのなかで、シンガポール、アジアときたならば、次は世界である、世界史にはどのような特徴があるのか、このテーマにも挑戦してみたいと思うようになったのである。

本書は、この二つの思いが合流して誕生したものであり、本書を含めた三冊は、筆者の意識のなかでは、シンガポール――アジア――世界と、地球の小世界から中世界、そして大世界へと至ることで一つに繋がっているし、関心も問題意識も同じである。それが狙いどおりにいったのかは、読者の忌憚《きたん》のない判断に委ねるしかないが、それぞれ、「シンガポールとは何か」、「アジアとは何か」、「世界とは何か」という関心と問題意識から書いたものだからである。

筆者にとり新たなテーマの世界史に挑戦するうえで、水先案内人の役割を果たしてくれたものも、二つあった。

一つは、E・H・カーの『歴史とは何か』、それに、堀米庸三《ほりごめようぞう》の『歴史をみる眼』である。歴史に関心のある読者ならば読んでいるに違いないと思われるので説明はまったく不要だが、二冊ともに、歴史（世界史）をどのようにみたらよいのか、専門的知見を踏まえながら、初心者にも理解できるように、分かり易く説いたものである。非力な筆者には、二人が提示した見方や手法を忠実にうまく体現することはできないが、少しでもそれに近づくように心がけたならば、何とか世界史が書けるのではないか、と自分に言い聞かせたのである。

もう一つは、意外に思うかもしれないが、見開きの世界地形図（それに丸い地球儀）である。常々筆者は地図をみるのは好きであり、本書を書くさいも、常に世界の地形図を広げて、中東勢力は中東の地からどのようにユーラシア大陸各地へと進出したのか、近代ヨーロッパは海を利用して世界をどのように植民地化したのか、アメリカは北アメリカを拠点にどのように世界各地に介入したのか、なぜオセアニアは近代になるまで世界から孤立していたのか、などなど、しばしば想像力を膨らませて勝手な思いを馳せたが、これは存外に楽しい時間だった。

とはいえ、二冊の秀逸な歴史論の手引きと世界地形図上の想像だけで、本書が出来上がったのではないことは言うまでもないことである。数多くの日本人研究者の手になる、世界史の様々な時代やテーマや国や地域を扱い論じた研究書や概説書、それに世界各国の数々の歴史的名著がなければ、本書は一頁すら書くことはできなかった。本書が依存し、かつ、教えられることが多々あった文献については、巻末の「読書案内」で内容を簡単に紹介したが（それでも紙幅の制約ですべてはできなかった）、これらをはじめとして、これまでの日本と世界の世界史研究と史料の豊かな蓄積に感謝したい。

筆者が書いてみたいこと、主張してみたいことは、本書のなかで十分に展開したので、ここで改めて言うことは何もないが、ただ一つだけ、やり残したことがあると感じている。それが、日本についての考察である。本書は中東、ヨーロッパ、アメリカを軸にみた世界史なので、日本の出番はないと考えたことが、日本について言及しなかった理由だが、アジアや世界のなかでみると日本はどういう国なのかというテーマは、筆者の今後の課題である。このテーマについても、非力ながら、いずれ「挑戦」してみたいと思っている。

最後になったが、講談社に感謝したい。編集過程では、現在は新書部門に異動したが、原稿を送付した当時、選書メチエの担当だった所澤淳さん、それに学術図書編集チームの梶慎一郎さんにお世話になった。二人からは適切なコメントを頂いたが、とりわけ担当の梶さんからは、構成内容や用語表記について、具体的なコメントを頂いた。本書が内容的にも用語表記の点でも、スッキリしたものになっているならば、お二人のお蔭である。もちろん、内容自体については、筆者の責任であることは言うまでもないことである。

二〇一五年八月初旬

岩崎育夫

読書案内

事典・史料集

荒このみ他監修『新版　アメリカを知る事典』平凡社　二〇一二年
伊谷純一郎他監修『新訂増補　アフリカを知る事典』平凡社　一九九九年
大貫良夫他監修『新訂増補　ラテン・アメリカを知る事典』平凡社　一九九九年
嶋田襄平他監修『イスラム事典』平凡社　一九八二年
マディソン、アンガス／金森久雄訳『経済統計で見る　世界経済二〇〇〇年史』柏書房　二〇〇四年
歴史学研究会編『世界史史料（一）～（一二）』岩波書店　二〇〇六～二〇一三年　▼歴史研究者向けの史料集。七つの地域世界すべてをカバーした、重要な出来事に関する一次史料の一部を抄訳したもので、世界史における世界各地での出来事を関係当事者の記録、および観察者の眼から知ることができる。簡単な解説がついており、世界史の専門知識がなくとも、それぞれの出来事や事件の背景や意義を知ることができる。

一般書籍

アブー＝ルゴド、J・L／佐藤次高他訳『ヨーロッパ覇権以前―もうひとつの世界システム（上）（下）』岩波書店　二〇一四年　▼アメリカの女性社会学・歴史学者による、中東が世界を支配していた時代の世界交易について叙述と考察を行った概説書。ヨーロッパ、中東、アジア各地における自立的で活発な交易活動が再現されているので、当時の人びとの経済活動や生活の様子がわかる。

荒松雄『ヒンドゥー教とイスラム教―南アジア史における宗教と社会』岩波新書　一九七七年　▼イスラーム国家時代のインドを研究テーマにする著者が、インドのヒンドゥー教世界にイスラームが参入した後、二つの宗教がどのように共存・対立したのか、インド各地の遺跡を訪ねながら考察した本で、歴史の深みがわかる。

有賀貞・大下尚一編『概説アメリカ史』（新版）有斐閣　一九九〇年
有賀貞・宮里政玄編『概説アメリカ外交史』（新版）有斐閣　一九九八年
アンサーリー、タミム／小沢千重子訳『イスラームから見た「世界史」』紀伊國屋書店　二〇一一年　▼アフガニスタン出身のアメリカ人作家が、古代から現代の中東を対象に、イスラーム勢力の台頭、変容、没落、現代の再生まで、物語風に平易に叙述したもので、中東史に関心を持つ人の入門書として便利。
飯塚浩二『東洋史と西洋史とのあいだ』岩波書店　一九六三年
石母田正『中世的世界の形成』岩波文庫　一九八五年
泉靖一『インカ帝国―砂漠と高山の文明』岩波新書　一九五九年
イブン・ジュバイル／藤本勝次・池田修訳『イブン・ジュバイルの旅行記』講談社学術文庫　二〇〇九年　▼一二世紀末にスペインのグラナダからメッカ巡礼に出かけたイスラーム国家役人が、中東各地の街や村を見聞した、親しみやすい記述の旅行記。まるで著者と一緒に当時の中東を旅しているかのような楽しい気分になる。
イブン・バットゥータ／イブン・ジュザイイ編／家島彦一訳注『大旅行記（一）～（八）』平凡社　東洋文庫　一九九六～二〇〇二年　▼一四世紀にユーラシア大陸旅行をしたイブン・バトゥータの旅行記。八巻からなる大著だが、全編が各地における自身の見聞や体験からなり、平易な文章で書かれた当時のユーラシア世界のルポルタージュでもある。
入江昭『歴史を学ぶということ』講談社現代新書　二〇〇五年
岩崎育夫『アジアの国家史―民族・地理・交流』岩波現代全書　二〇一四年
『岩波講座　世界歴史（一）～（三〇）』岩波書店　一九六九～一九七一年
『岩波講座　世界歴史（一）～（二九）』岩波書店　一九九七～二〇〇〇年
ウェルズ、H・G／下田直春訳『世界文化小史』講談社学術文庫　二〇一二年　▼イギリス人で空想科学小説家のウェルズが一九二二年に書いた、宇宙の誕生からロシア革命までを描いたコンパクトな世界史概説。要領よく纏まっており世界史の大きな流れがつかめる。

梅棹忠夫『文明の生態史観』中央公論社　一九六七年
『エリュトゥラー海案内記』（村川堅太郎訳）中公文庫　一九九三年
岡崎勝世『世界史とヨーロッパ―ヘロドトスからウォーラーステインまで』講談社現代新書　二〇〇三年　▼古代から近代までヨーロッパ人の思想展開を簡単に跡付けた概論。ヨーロッパが世界史に果たした思想史的な役割や意義がよくわかる。
カー、E・H／原彬久訳『危機の二十年―理想と現実』岩波文庫　二〇一一年
カー、E・H／清水幾太郎訳『歴史とは何か』岩波新書　一九六二年　▼歴史とは何かをテーマにした一九六一年の講演録。歴史が現代に持つ意義、歴史をみるさいの注意すべき点など、本質的なテーマや問題について簡潔ながらも手際よく論じた秀作。
カエサル『ガリア戦記』岩波文庫　一九四二年
キーガン、ジョン／井上堯裕訳『戦争と人間の歴史―人間はなぜ戦争をするのか？』刀水書房　二〇〇〇年
紀平英作編『アメリカ史』山川出版社　一九九九年
紀平英作・亀井俊介『世界の歴史（二三）アメリカ合衆国の膨張』中公文庫　二〇〇八年
クック、マイケル／千葉喜久枝訳『世界文明一万年の歴史』柏書房　二〇〇五年
ケナン、ジョージ・F／近藤晋一他訳『アメリカ外交50年』岩波現代文庫　二〇〇〇年
小池政行『現代の戦争被害―ソマリアからイラクへ』岩波新書　二〇〇四年
小杉泰『興亡の世界史（六）イスラーム帝国のジハード』講談社　二〇〇六年
サイード、エドワード・W／今沢紀子訳『オリエンタリズム（上）（下）』平凡社ライブラリー　一九九三年　▼中東出身アメリカ人の文学研究者が書いた、近代欧米知識人の中東やアジアを見る眼が、いかにヨーロッパ中心主義で偏向と欺瞞に満ちたものか、鋭く糾弾して、世界の注目を集めた書。
酒井啓子『イラクとアメリカ』岩波新書　二〇〇二年
佐藤次高『世界の歴史（八）イスラーム世界の興隆』中央公論社　一九九七年

佐藤次高編『西アジア史I　アラブ』山川出版社　二〇〇二年
杉山伸也『グローバル経済史入門』岩波新書　二〇一四年
杉山正明『クビライの挑戦―モンゴルによる世界史の大転回』講談社学術文庫　二〇一〇年
鈴木董『オスマン帝国―イスラム世界の「柔らかい専制」』講談社現代新書　一九九二年
スパイクマン、ニコラス／奥山真司訳『平和の地政学―アメリカ世界戦略の原点』芙蓉書房出版　二〇〇八年
ダイアモンド、ジャレド／倉骨彰訳『銃・病原菌・鉄（上）（下）』草思社文庫　二〇一二年　▼アメリカの生物学者が書いた、食糧、動物、社会生活、非文明世界の民族、それに支配された地域世界の眼から解説するユニークな世界史概論。
滝田賢治編著『アメリカがつくる国際秩序』ミネルヴァ書房　二〇一四年
タキトゥス『ゲルマーニア』岩波文庫　一九七九年
トインビー、アーノルド／長谷川松治訳『歴史の研究I〜III』社会思想社　一九六七年
トッド、エマニュエル／石崎晴己訳『帝国以後―アメリカ・システムの崩壊』藤原書店　二〇〇三年　▼フランスの歴史人口学者が、アメリカの行動を批判的に検討した論考。かつての優位勢力のヨーロッパ（フランス）からのアメリカ批判として読むと興味深い。
ナイ、ジョゼフ／久保伸太郎訳『不滅の大国アメリカ』読売新聞社　一九九〇年　▼世界の優位勢力となったアメリカの政治、経済、軍事力、世界を見る眼などを分析、考察したもの。自信に溢れたアメリカの姿や世界支配の論理がどのようなものか知るには有益。
永積昭『オランダ東インド会社』講談社学術文庫　二〇〇〇年
永田雄三編『西アジア史II　イラン・トルコ』山川出版社　二〇〇二年
西崎文子『アメリカ外交とは何か―歴史の中の自画像』岩波新書　二〇〇四年
『ヒュースケン　日本日記』（青木枝朗訳）岩波文庫　一九八九年
平野千果子『フランス植民地主義の歴史―奴隷制廃止から植民地帝国の崩壊まで』人文書院　二〇〇二年

ピレス、トメ／生田滋他訳『大航海時代叢書Ⅴ　東方諸国記』岩波書店　一九六六年

ピレンヌ、アンリ／増田四郎監修／中村宏・佐々木克巳訳『ヨーロッパ世界の誕生―マホメットとシャルルマーニュ』創文社　一九六〇年

福井憲彦『興亡の世界史（一三）近代ヨーロッパの覇権』講談社　二〇〇八年　▼近代ヨーロッパが世界史に持つ意義を論じた概説書。なぜ近代ヨーロッパが台頭したのか、当時のヨーロッパ内部の動きはどのようなものだったのか、著者の独自の見解を交えた考察と説明がなされている。

フレドリクソン、ジョージ／李孝徳訳『人種主義の歴史』みすず書房　二〇〇九年

ポーロ、マルコ／月村辰雄・久保田勝一訳『東方見聞録』岩波書店　二〇一二年

堀米庸三『歴史をみる眼』日本放送出版協会　一九六四年　▼ヨーロッパ中世史研究者の著者がNHKラジオで行った講演録。簡潔ながらも、歴史が現代に持つ意義、歴史を見る眼はどうあるべきか、わかりやすく説いている。E・H・カーの本と並んで歴史論として秀逸。

ポンティング、クライヴ／伊藤綺訳『世界を変えた火薬の歴史』原書房　二〇一三年

マアルーフ、アミン／牟田口義郎・新川雅子訳『アラブが見た十字軍』ちくま学芸文庫　二〇〇一年

前嶋信次／杉田英明編『イスラムとヨーロッパ』平凡社　東洋文庫　二〇〇〇年

マクニール、ウィリアム／増田義郎・佐々木昭夫訳『世界史（上）（下）』中公文庫　二〇〇八年　▼カナダ出身のアメリカ人歴史学者による、政治だけでなく社会の動きも視野に入れた世界史概論。著者独特のゆったりとした言い回しの叙述と深い考察に満ちた世界的ベストセラー。

マクニール、ウィリアム／高橋均訳『戦争の世界史―技術と軍隊と社会（上）（下）』中公文庫　二〇一四年

増田四郎『ヨーロッパとは何か』岩波新書　一九六七年　▼ヨーロッパ経済史研究者がヨーロッパ地域世界を考察した本。考察のベースになっているのは中世ヨーロッパだが、ヨーロッパとは何かを知るうえで参考になる。

増田義郎『黄金の世界史』講談社学術文庫　二〇一〇年

増田義郎・山田睦男編『ラテン・アメリカ史Ⅰ　メキシコ・中央アメリカ・カリブ海』山川出版社　一九九九年

増田義郎編『ラテン・アメリカ史Ⅱ　南アメリカ』山川出版社　二〇〇〇年
『マゼラン最初の世界一周航海』（長南実訳）岩波文庫　二〇一一年　▼マゼラン世界一周の日記スタイルの記録。短いながらも、マゼラン一行と一緒に航海をしている気分になるし、航海の大変さ、苦闘、目的地に到達した時の喜びが伝わってくる。
松岡完『ベトナム戦争—誤算と誤解の戦場』中公新書　二〇〇一年
マッキンダー、ハルフォード／曽村保信訳『マッキンダーの地政学—デモクラシーの理想と現実』原書房　二〇〇八年　▼「現代地政学の祖」といわれるイギリス人のマッキンダーが一九四二年に書いた概論。世界史における大国の戦争や戦略をみるさい、自然地理の活用など地政学の視点と配慮がいかに重要かよくわかる。
『マハン海上権力論集』（麻田貞雄編・訳）講談社学術文庫　二〇一〇年　▼アメリカの「近代海軍の父」と呼ばれるマハンが一八九〇年に書いた論文集。陸地の戦略的重要性を説いたマッキンダーに対して、海の戦略的重要性を説いたもの。
三浦徹『イスラームの都市世界』山川出版社　一九九七年
宮本正興・松田素二編『新書アフリカ史』講談社現代新書　一九九七年　▼複数の著者によるアフリカ通史。多くの研究者が書いているが、視点と叙述は一貫しており、歴史、自然地理から現代の苦悩まで、アフリカ地域世界の全体像がみえてくる。
メイ、アーネスト／進藤榮一訳『歴史の教訓—アメリカ外交はどう作られたか』岩波現代文庫　二〇〇四年
モーゲンソー、ハンス／原彬久監訳『国際政治—権力と平和（上）（中）（下）』岩波文庫　二〇一三年　▼歴史に関心を持つ国際政治学者が、国際政治や国家権力の概念を使って世界史の捉えかたを提示した概論書。
モリス、イアン／北川知子訳『人類5万年　文明の興亡—なぜ西洋が世界を支配しているのか（上）（下）』筑摩書房　二〇一四年
森本公誠『イブン＝ハルドゥーン』講談社学術文庫　二〇一一年
ラコスト、イヴ／大塚宏子訳『ヴィジュアル版　ラルース　地図で見る国際関係—現代の地政学』原書房　二〇一一年

ラス・カサス・バルトロメー／染田秀藤訳『インディアスの破壊についての簡潔な報告』岩波文庫　一九七六年
リヴィ－バッチ、マッシモ／速水融・斎藤修訳『人口の世界史』東洋経済新報社　二〇一四年　▼人口変動の観点から世界史の展開過程を跡付けたもの。戦争や動乱、移民や飢饉などを原因に、世界各地の人口が歴史的にどのように変動したのかよくわかる。
ルイス、バーナード／臼杵陽監訳『イスラム世界はなぜ没落したか？―西洋近代と中東』日本評論社　二〇〇三年
ルイス、バーナード／白須英子訳『イスラーム世界の二千年―文明の十字路　中東全史』草思社　二〇〇一年　▼イギリス生まれのアメリカで活動する中東史研究者が、中東の古代国家から、イスラームの台頭、近代ヨーロッパに凌駕されるまでを対象に、国家と政治の動きを中心に叙述した概論書。著者の鋭い歴史的洞察がうかがえる。
レヴィ＝ストロース、クロード／室淳介訳『悲しき南回帰線（上）（下）』講談社学術文庫　一九八五年
ロバーツ、J・M／池上俊一他訳『世界の歴史（一）～（一〇）』創元社　二〇〇二～二〇〇三年　▼イギリス人の歴史家が書いた一〇巻からなる世界史の大著。大著ながら、写真や図版が多いのでビジュアルで世界史が理解できるし、叙述も平易で、七つの地域世界で次々と生起する世界史のドラマと、著者の説明と見解に魅了される。
家島彦一『海域から見た歴史―インド洋と地中海を結ぶ交流史』名古屋大学出版会　二〇〇六年
山本真鳥編『オセアニア史』山川出版社　二〇〇〇年
油井大三郎『好戦の共和国　アメリカ―戦争の記憶をたどる』岩波新書　二〇〇八年
油井大三郎・古田元夫『世界の歴史（二八）第二次世界大戦から米ソ対立へ』中公文庫　二〇一〇年

［ヤ・ラ・ワ］

［タ］

［カ］

［サ］

索引

［ア］

世《せ》界《かい》史《し》の図《ず》式《しき》

二〇一五年一一月一〇日第一刷発行

著者 岩《いわ》崎《さき》育《いく》夫《お》

発行者 鈴木 哲

発行所 株式会社講談社
東京都文京区音羽二丁目一二―二一 〒一一二―八〇〇一
電話 （編集）〇三―三九四五―四九六三
（販売）〇三―五三九五―四四一五
（業務）〇三―五三九五―三六一五

装幀者 奥定泰之

本文データ制作 講談社デジタル製作部

本文印刷 慶昌堂印刷株式会社

カバー・表紙印刷 半七写真印刷工業株式会社

製本所 大口製本印刷株式会社

ISBN978-4-06-258614-6 Printed in Japan
N.D.C.209 254p 19cm

講談社選書メチエ　刊行の辞

書物からまったく離れて生きるのはむずかしいことです。百年ばかり昔、アンドレ・ジッドは自分にむかって「すべての書物を捨てるべし」と命じながら、パリからアフリカへ旅立ちました。旅の荷は軽くなかったようです。ひそかに書物をたずさえていたからでした。ジッドのように意地を張らず、書物とともに世界を旅して、いらなくなったら捨てていけばいいのではないでしょうか。

現代は、星の数ほどにも本の書き手が見あたります。読み手と書き手がこれほど近づきあっている時代はありません。きのうの読者が、一夜あければ著者となって、あらたな読者にめぐりあう。その読者のなかから、またあらたな著者が生まれるのです。この循環の過程で読書の質も変わっていきます。人は書き手になることで熟練の読み手になるものです。

選書メチエはこのような時代にふさわしい書物の刊行をめざしています。

フランス語でメチエは、経験によって身につく技術のことをいいます。道具を駆使しておこなう仕事のことでもあります。また、生活と直接に結びついた専門的な技能を指すこともあります。

いま地球の環境はますます複雑な変化を見せ、予測困難な状況が刻々あらわれています。

そのなかで、読者それぞれの「メチエ」を活かす一助として、本選書が役立つことを願っています。

一九九四年二月　　野間佐和子